AF476715

LA ARMERIA REAL
OU
COLLECTION DES PRINCIPALES PIÈCES
DE
LA GALERIE D'ARMES ANCIENNES
DE
MADRID.
Dessins de Mr. Gaspard Sensi, Membre de l'Académie de Pérouse,
Texte de Mr. ACHILLE JUBINAL,
Membre de la Société royale des Antiquaires de France.
Frontispices, Lettres ornées, Culs de lampe par Mr. Victor Sansonetti:
gravures sur bois par Mr. Faxardo, sur pierre, sur cuivre, sur acier par les
meilleurs Artistes de Paris.
Paris
chez Didron
Place
St André des Arts
No. 30

Planche I. — BOUCLIER DE CHARLES-QUINT.

ON ne saurait contester à la forme de ce bouclier, dont les sujets sont distribués en quatre compartiments égaux, une extrême élégance. Le premier de ces compartiments représente des cavaliers espagnols, portant l'étendard de Castille et de Léon, qui mettent en fuite l'armée grenadine. Les Maures s'enfuient en retournant la tête avec une expression de frayeur. Ils cherchent à mettre le plus de distance possible entre eux et les Espagnols; de nombreux cadavres jonchent la terre.

Le second compartiment nous offre l'entrée *des Rois* à Grenade. Isabelle, en costume de son sexe et non pas revêtue de la cuirasse, qu'on a fait figurer trop longtemps sous son nom, est à cheval à côté de son mari[1]. Tous deux franchissent une des portes de l'Alhambra, tandis que Boabdil et sa mère, selon la tradition, sortent par l'autre, en prenant le chemin des Alpuxarres. C'est le moment sans doute où la mère du malheureux roi exilé, voyant son visage inondé de larmes, s'écrie : — « *Il est juste que celui-là pleure comme une femme qui n'a pas su défendre son trône comme un homme*[2]. »

L'un des compartiments inférieurs de notre bouclier représente Charles-Quint après son débarquement en Afrique, lors de la prise de Tunis. On aperçoit cette ville dans le haut du tableau. L'empereur, à la tête de ses troupes, armé de pied en cap et monté sur un cheval caparaçonné, poursuit les Maures. Son portrait est une copie de celui qui se trouve au Musée de Madrid sous le n° 685, et qui a été exécuté par Titien.

Les Espagnols ont d'autant plus raison d'être fiers *de la journée de Tunis*, comme ils disent, qu'elle fut habilement combinée et heureusement menée. Charles-Quint, entre autres, s'y conduisit vaillamment. Il arracha, personnellement, à la mort, en le tirant des mains de l'ennemi, un brave chevalier nommé André Ponce, dont le cheval avait été tué. Les préparatifs de cette expédition, qui ne dura que 26 jours, furent formidables. Charles Quint réunit 700 navires et une véritable armée composée de troupes espagnoles, allemandes et italiennes. On comptait parmi elles les meilleurs guerriers de cette époque célèbre : le prince Doria, le marquis del Vasto, le vice-roi de Naples (don Pedro de Tolède), le marquis de Villafranca, les princes de Salerne et de Bisignano, Ferdinand de Alarcon, les ducs d'Albe et de Najéra, le comte de Benavent, le marquis d'Aguilar, le comte de Niebla, Don Louis d'Avila, Don

[1] Je profiterai de cette occasion pour rappeler ici combien j'ai eu raison, dans la première partie de cet ouvrage, de me défier de l'origine attribuée à la belle armure qui porte le nom d'Isabelle la Catholique et qui est représentée sous le n° 37 de notre 2e volume, d'après le n° 1327 de l'*Armeria*. En effet, depuis longtemps la tradition, à l'*Armeria* même, faisait de cette pièce une armure qui aurait été portée par Isabelle la Catholique, comme celles qui sont rangées sous les nos 1394, 2322 et 2518 ; mais outre que ce genre de vêtement n'a jamais été endossé par des femmes (ce qui a fait dire au savant Meyrick : « *Among other absurdities, armour for women is one of the most striking*, etc. »), on sait aujourd'hui par les anciens inventaires de l'*Armeria* que cette pièce et les autres furent envoyées de Flandres à Philippe IV, en 1624, par Isabelle-Claire-Eugénie, fille de Philippe II, veuve d'Albert VI, archiduc d'Autriche, gouverneur et capitaine général des Pays-Bas. Le chiffre d'Isabelle gravé sur le casque de cette armure a donné naissance à l'erreur qui la fit si longtemps attribuer à Isabelle la Catholique ; mais elle appartenait, ainsi que les trois autres, à l'archiduc d'Autriche qui, par une galanterie très naturelle, y avait fait graver le monogramme de sa femme. Celle-ci, à la mort de son époux, les envoya au roi d'Espagne en cadeau et elles sont ainsi arrivées à l'*Armeria*. Leur poids prouverait d'ailleurs qu'elles n'ont pu être portées par une femme. En outre, si nous admettons qu'Isabelle la Catholique ait revêtu l'armure des chevaliers, nous en trouverions une trace quelconque dans son histoire. Or, ni la *Chronique* d'Antoine de Nebrija, ni l'*Historia de los Reyes*, par le bachelier A. Bernaldez, curé de *Los Palacios*, ni les *Guerres civiles de Grenade*, par Perez de Hita, ni l'*Histoire de Grenade*, par Lafuente Alcantara, n'en disent un mot. Il faut donc conclure de l'absence de témoignages que la tradition est inexacte.

[2] Voy. sur Boabdil et sur les diverses armes qui portent son nom, page 10 de notre tome Ier, et pages 9 et 21 du tome II.

Fadrique de Tolède, commandeur général d'Alcantara, et autres grands personnages. On se rencontra le 20 juillet 1535, et les Tunisiens battus se rendirent. Barberousse se réfugia à Biserte, et Charles-Quint remit sur le trône Muley-Hassan qui devint son vassal et dût lui payer tous les ans un tribut de deux chevaux et de deux faucons. On peut, pour plus de détails, voir l'ouvrage du docteur Gonzalo de Illescas, intitulé : « *La jornada de Carlos o de Tunez*, 1804. »

Dans le quatrième compartiment on a retracé le combat naval de Lépante. Une barque turque, portant un pavillon orné de deux croissants, résiste encore; c'est probablement celle d'Ali, le grand amiral, dont la tête sanglante fut, après la victoire, hissée au haut des mâts. La plupart des autres sont anéanties et l'on voit un grand nombre de malheureux qui se noient.

Au centre du compartiment don Juan d'Autriche se tient debout, l'épée à la main, sur son navire qui porte la croix et l'étendard chrétien. Dans un coin on aperçoit Philippe II, assis sous un riche dais, sceptre en main, accueillant avec un sourire deux guerriers à genoux qui lui présentent les palmes de la victoire.

Le centre du bouclier est occupé par un gracieux ovale dont la partie supérieure forme un ruban blanc sur lequel on lit : « *Sacræ spes una senectæ* ». Au-dessus de ce ruban il y a deux cigognes couronnées. Elles viennent de tuer un énorme crapaud qu'un dragon ailé semble vouloir défendre. Cette allusion à la défaite du mahométisme et à la destruction de l'hérésie n'a pas besoin d'explication; elle a le mérite, à défaut de délicatesse, de se faire saisir facilement.

La bordure de ce bouclier est enjolivée de quatre têtes de lions et d'ornements variés. L'ensemble est composé de plumes de couleur formant une véritable mosaïque très rare et d'une exécution parfaite[1].

La bataille de Lépante a fourni à l'*Armeria* un grand nombre d'objets plus ou moins authentiques. Elle procura en outre la liberté à 17,000 captifs retenus sur les galères, donna 10,000 prisonniers aux vainqueurs et amena la mort de 35,000 Turcs. On a fait remarquer aussi que jamais combat naval n'a réuni plus de grands hommes. D'un côté les plus fameux amiraux de l'empereur Sélim soutenaient l'honneur des armes turques : c'étaient Ali, Pestan, Ucchali, Hassan, Mahomet, la tête de l'Empire; de l'autre côté on voyait la fleur de la chrétienté, savoir : Doria, Colonna, le duc d'Urbin, Alexandre Farnèse, Requesens, Santa-Cruz, toute la noblesse d'Espagne, d'Italie, d'Allemagne, et par dessus tout son illustre chef en ce grand coup de dé, Don Juan d'Autriche. Peu de batailles eurent autant de résultats que celle-ci, car elle commença l'émancipation de l'Europe chrétienne et la décadence de l'islamisme.

J'ajouterai à tous ces détails qu'en Espagne le bouclier (*escudo*) a porté différents noms, selon sa forme. Lorsqu'il était complétement rond et assez grand, on l'appelait le plus souvent *rodela*; petit, il prenait le nom de *rotundela*. S'il était carré, il s'appelait *tablachina*, quoique ce nom fut plus spécialement réservé aux boucliers de bois. Les pavois (*paveses*) étaient de larges boucliers qui couvraient entièrement le guerrier et dont se servaient presque exclusivement les troupes employées dans les travaux aux approches d'une place, ou les soldats marchant à l'assaut. On appelait *parma* ou *broquel* le bouclier de bois dont le bord était en fer, et *adarga* l'écu en cuir des Arabes. Les meilleures adargues et les plus solides étaient en cuir de vache, et elles se fabriquaient à Fez. Aussi les nommait-on *vacaries* par allusion à leur matière et à leur origine.

Den me la *adarga de Fez !*

dit Perez de Hita dans ses *Guerres civiles de Grenade*, part. I, ch. 8.

Quand l'adargue n'était pas *vacari* on l'appelait *dante* ou *dargadante* :

Y una buena dargadante

écrit Juan de la Encina dans une pièce bouffonne de son cancionero.

Pendant longtemps les plus célèbres boucliers espagnols furent fabriqués à Pontevedra. Il y en avait de si pesants que leur charge, réunie à celle de l'armure et du heaume, fait penser involontairement à cette parole de Montaigne : « S'il se veoid quelqu'un tué par le défault d'un harnois, il n'en est guères moindre nombre que l'empeschement des armes a faict perdre, engagez sous leur pesanteur ou froissez et rompuz, ou par un contrecoup ou aultrement, car il semble, à la vérité, à veoir le poids des nostres et *leur espesseur que nous ne cherchions qu'à nous deffendre, et en sommes plus chargez que couverts. Nous avons assez à faire et à soutenir le faix, entravés et contraincts, comme si nous n'avions à combatre que du choq de nos armes et comme si nous n'avions pareille obligation à les deffendre, qu'elles ont à nous....* Et à présent que nos mousquetaires sont en crédit, je crois que l'on trouvera

[1] Les rédacteurs du nouveau catalogue de l'*Armeria*, à la conscience desquels je me plais à rendre hommage, ont cru pouvoir changer l'appellation traditionnelle de ce bouclier, désigné jusqu'ici comme ayant appartenu à Charles-Quint, et ils ont dit qu'il leur semblait plutôt avoir appartenu à Philippe II. La question, selon moi, n'a pas grande importance; mais encore faudrait-il, pour la vider dans un nouveau sens, s'appuyer sur quelque raison nouvelle. Or, je ne trouve dans la petite dissertation des rédacteurs du Catalogue de 1854, qu'une simple affirmation dénuée de preuves. J'ai donc dû laisser subsister l'allégation de l'ancien catalogue.

quelque invention de nous enmurer pour nous en garantir et nous faire traisner à la guerre enfermez dans des bastions comme ceux que les anciens faisoient porter à leurs éléphants. »

Planche II. — ARMURE DE GONZALVE DE CORDOUE.

D'après tous les anciens documents de *l'Armeria*, cette magnifique armure aurait appartenu à Gonzalve de Cordoue, surnommé le grand capitaine. Elle est entière, complète, d'un seul et même travail. Toutes ses pièces sont gravées à l'eau forte, et leurs gravures représentent uniformement des trophées, des armes, des couronnes, des lions, des figures bizarres qui se répètent en pendant d'une pièce sur l'autre. Elle pèse près de 40 livres, ce qui confirme tout ce que je viens de dire des armes anciennes et de leur poids.

J'ai donné l'épée de Gonzalve de Cordoue, t. I, pl. 5 de cet ouvrage; seulement j'ai oublié de dire, et je répare ici cette omission, qu'elle était de Tolède. On peut voir également, fig. 38, t. I, une autre épée de Gonzalve de Cordoue, espagnole comme celle-ci, mais plus ancienne et plus lourde. Elle pèse 3 livres 11 onces; elle a 3 pieds et 4 pouces de longueur et n'est point comme la première, une arme de cérémonie, mais de combat.

Planche III. — HARNAIS DE GUERRE.

Aucun des objets de cette planche n'existe à *l'Armeria real* si ce n'est au crayon. Ces dessins ont été copiés, d'après des originaux appartenant à d'autres collections publiques, par l'excellent et habile artiste (M. Sensi) qui a exécuté les planches de nos trois volumes et disposé leurs diverses figures. On lui doit aussi à *l'Armeria* le placement et l'arrangement actuels des nombreuses pièces de cette galerie.

Je ne m'étendrai pas beaucoup sur l'usage des vêtements de guerre représentés par notre planche. Tout le monde sait que nos aïeux commencèrent par porter la cotte de maille et que l'armure ne parut que bien plus tard, c'est-à-dire lorsque les armes à feu firent laisser de côté toute la panoplie du moyen âge. Ainsi, Richard cœur de lion, saint Louis, Guillaume le Conquérant, comme on peut, pour ce ce dernier, s'en assurer dans l'édition de *la tapisserie de Bayeux* que nous avons donnée, ne portaient ni casque, ni cuirasse; ils avaient pour toute défense de tête et de corps la maille telle qu'elle est reproduite dans notre planche. On peut consulter à ce sujet Allou, *Etudes sur les casques et autres armes du moyen âge*, ainsi que le savant ouvrage du docteur Meyrick. Les figures 1 et 2 de notre planche offrent certainement les mailles les plus anciennes, le buffle (fig. 3, 4, 5, 8), ne s'étant joint à elles qu'à une époque beaucoup plus rapprochée de nous, c'est-à-dire vers le XVe siècle au plus tôt. La forme en pointe de nos trois juste-au-corps indique même la première partie du XVIe siècle plutôt que la fin du précédent. Les n°s 7 et 9, avec leurs *braguettes*, leurs *crevées* et leurs *bouffettes*, sont aussi de cette époque. Le n° 7 était plus spécialement affecté aux troupes allemandes et suisses de Charles-Quint. Quant aux braguettes, l'*Armeria* en a d'assez nombreux exemples. Quelques-unes (n° 1329 entre autres) sont d'un travail très remarquable et très élégant. Cet ornement, bizarre et peu décent, ne fut pas, comme mode, de longue durée. Il parut aussi dans le costume civil. Rabelais, qui se rit de tout, lui donne un nom trop joyeux pour être rappelé ici. Il y en eût d'ornés en diamants; d'autres étaient brodés d'or, d'argent ou chargés de pierreries et affectaient tous les volumes.

J'ajouterai à titre d'explication générale que le réseau de mailles ne fut pas subitement et sans transition remplacé par l'armure. On lui substitua d'abord un système de plaques de fer à emboîtements combinés et formant cuirasse. On en voit plusieurs exemples au Musée d'artillerie de Paris. De plus, les parties lisses commencèrent à être ornementées par la gravure ou par le repoussé, et bientôt la damasquinure vint incruster l'or et l'argent dans le fer. En même temps, les diverses pièces de l'armure s'ornèrent d'arabesques et de figures; les *armoiers* (comme on les appelait) furent à la fois sculpteurs et orfèvres; ils travaillèrent le fer sous toutes les formes en employant tous les procédés, et ils ne tardèrent pas à dépasser comme résultat, par leur habileté dans la damasquinure, la fameuse table isiaque qui remontait à l'année 1070 et qui, longtemps perdue, fut retrouvée après le sac de Rome en 1527.

Planche IV. — SELLES DITES DU CID ET CAPARAÇON D'ISABELLE LA CATHOLIQUE.

De temps immémorial la croyance a existé en Espagne qu'il y a à l'*Armeria* une selle provenant du Cid et ayant pressé les flancs de Babieça. Je n'en veux d'autre preuve que celle-ci. Cervantès, dans son Don Quichotte, 1re partie, chap. 49, fait dire au chevalier de la Manche : « Qui pourra nier que l'histoire de Pierre et de la jolie Maguelonne ne soit parfaitement exacte, puisqu'on voit encore aujourd'hui, dans la galerie d'armes de nos rois, la cheville qui faisait tourner et mouvoir le cheval de bois sur lequel le vaillant Pierre de Provence traversait les airs, cheville qui est un peu plus grosse qu'un timon de charette à bœufs? *A côté d'elle est la selle de Babieça, la jument du Cid*, etc. » Le chanoine répond : « Qu'il y ait eu un Cid et un Bernard del Carpio, nul doute; mais qu'ils aient fait toutes les prouesses qu'on leur prête, c'est autre chose. Quant à la cheville du comte Pierre, dont votre grâce a parlé et qui est auprès de la selle de Babieça dans la galerie royale, je confesse mon péché. Je suis si gauche ou j'ai la vue si courte *que bien que j'aie vu distinctement la selle*, je n'ai pu apercevoir la cheville, quoiqu'elle soit aussi grosse que l'a dit votre grâce.—Elle y est pourtant sans aucun doute, répliqua don Quichotte; à telles enseignes qu'on la tient enfermée dans un fourreau de cuir pour qu'elle ne prenne pas le moisi, etc. »

Les inventaires de l'*Armeria* mentionnent également une selle provenant du Cid; mais ils n'en donnent aucune description qui puisse aider à fixer l'attention plus particulièrement sur tel ou tel des nombreux et vénérables harnais de ce genre qu'il contient. Tel était il y a encore quelques années l'état de la question; mais les plus anciens employés de l'établissement ayant entendu dire par leurs prédécesseurs que cette selle était placée sous les n° 2311 ou sous le n° 2312, on résolut de les démonter toutes deux pour voir si l'on ne trouverait pas à l'intérieur quelque signe distinctif et certain qui pût lever tous les doutes. On eut raison, car sous le *trousséquin* de l'une d'elles on trouva collé un morceau de parchemin sur lequel, en caractères du XVIIe siècle, étaient écrits ces mots : *silla del Cid Campeador*. Il n'y avait donc plus d'incertitude : le n° 2311 était bien la selle désignée par la tradition populaire comme ayant appartenu au Cid. D'autres probabilités plus ou moins fortes viennent d'ailleurs se joindre à celle-là. D'abord l'ornementation entière de cette selle est très ancienne. Elle a le cachet byzantin, et les coquilles de Saint-Jacques de Compostelle qui la décorent, étaient fréquemment employées aux XIe et XIIe siècles, comme ornement, surtout en Espagne; ensuite le mot FIDES qu'on lit sur les *battes* de cette selle, se rapporte bien au caractère religieux et presque hiératique du Cid; enfin la plupart des selles de l'*Armeria* étant jointes à leurs armes, il fallait bien que celle du Cid fût le n° 2311 ou le n° 2312, qui sont isolées et les deux plus anciennes de l'*Armeria*. Certes, il manque à tous ces raisonnements une preuve matérielle, palpable, un document positif; mais en l'état des choses il y a suffisamment de probabilités pour qu'on puisse, sans trop de risques, se ranger du côté de la tradition.

Le fond des arçons de ces deux selles, comme celui des n° 3 et 4 de notre planche, est noir. Leurs ornements sont en relief et dorés. Parmi les autres selles qui sont à l'*Armeria real*, il faut remarquer, outre celle du roi *don Jayme el conquistador*, que nous avons donnée dans notre 2e volume, planche 2, celle qui se trouve placée sous le n° 2313, dont les *battes* portent l'aigle impérial, les deux colonnes et le *plus ultra*, tandis que le *trousséquin* est couvert de figures mythologiques et historiques gravées et dorées; celle du n° 2314, qui offre au milieu d'ornements en relief ou gravés, le collier de la Toison d'Or; celle du n° 2335, dont l'arçon est couvert de guerriers, de trophées, de fruits, de mascarons; celle du n° 2336, qui nous montre Mars, Minerve, Judith et des guerriers assiégeant un château, etc.

Quant au caparaçon dit d'*Isabelle la Catholique*, vient-il effectivement de cette grande reine? ou bien a-t-il la même origine que l'armure et le casque dont parle la note 1 de la première page de ce volume? C'est ce que je ne saurais décider; mais il porte le chiffre d'une Isabelle, et cela explique la tradition qui le concerne.

Portrait d'Olivarès

Planche V. — BOUCLIER DIT DE LA DÉCOUVERTE DE L'AMÉRIQUE.

CE magnifique bouclier est attribué, comme composition, à Jules Romain, l'élève le plus célèbre et le plus distingué de Raphaël. C'est un des plus beaux de l'*Armeria*. Il est largement doré et d'un haut relief. En voici le sujet.

D'après la fable, quand Hercule arriva à Gadès (aujourd'hui Cadix), il se crut aux confins de la terre. Séparant en deux les montagnes jusqu'alors unies de *Calpe* et d'*Abyla*, dont il mit l'une en Europe, l'autre en Afrique, il fit communiquer l'Océan avec la Méditerranée, et éleva sur les monts dont nous venons de parler, deux colonnes avec l'inscription *non plus ultra*, c'est-à-dire : « *il n'y a rien au delà.* » Depuis cette époque ce lieu prit le nom de *Portes Gaditanes* (puertas gaditanas).

Charles Quint, successeur de Ferdinand et d'Isabelle, sous le règne desquels l'Amérique fut découverte, changea l'inscription, et effaçant le *non* latin, laissa subsister le *plus ultra*, qui prit place au blason de l'Espagne, sur ses monnaies et sur ses médailles.

Le sujet de ce bouclier représente le moment où les colonnes d'Hercule dûrent être enlevées pour qu'on les reportât aux dernières limites de l'empire espagnol nouvellement agrandi. Charles Quint est debout sur un navire richement orné; il tient à la main un étendard que surmonte l'aigle à deux têtes, et la victoire le couronne. La renommée, avec ses palmes et sa trompette, est à la proue et elle lui montre un écu sur lequel est tracée la devise : *plus ultra* (il y a quelque chose au delà).

Dans le fond Hercule transporte ailleurs ses colonnes, ce qui semble étonner Neptune.

Sur le devant on voit le Nil paresseusement assis et une femme qui a les mains liées derrière le dos. Cette femme est probablement Tunis captive.

La bordure de cette belle œuvre est charmante; elle se compose de fleurs, de fruits, d'enfants enroulés, et elle est surmontée par le collier de la Toison d'Or, du milieu duquel se détache une tête de bélier pleine de caractère.

Planche VI. — ÉTRIERS DE L'EMPEREUR CHARLES-QUINT.

Ces étriers, de forme orientale, sont réellement magnifiques par leur richesse et leur ornementation. Ils sont lamés d'or et gravés à la pointe. Leurs médaillons représentent les travaux d'Hercule, des chasses au faucon, à l'arbalète et à la pique. Pardessous, au milieu d'un charmant feuillage, on lit sur deux rubans : *Alonso Micergillo* (quelques-uns disent Micerguillo), qui était un des plus célèbres armuriers de Charles Quint. Il habita en 1535 *Calle de la Sierpe* (rue du Serpent), à Séville, si l'on s'en rapporte à une histoire manuscrite de cette ville due au bachelier Luis de Peraza, et une foule de grands seigneurs s'y pressaient constamment pour examiner les belles armes qu'il y exposait dans sa boutique. La tradition ajoute qu'on venait les voir de toutes les parties de l'Espagne et même d'Angleterre, de France et d'Italie.

Ces étriers appartiennent à la selle et au harnais de velours vert brodés d'or et de corail qui sont rangés dans l'armoire G, de *l'Armeria*, sous les n°s 2253 et 2268.

Quelques détails sur l'origine et l'usage des étriers ne paraîtront pas, je le pense, déplacés ici. Ils compléteront ce que nous avons déjà dit à ce sujet, page 16 de notre deuxième volume.

L'étrier, *estrier*, estrieu (*strepa* dans la basse latinité, et en allemand *stref*) commença par être d'abord une simple courroie ou une corde pliée en deux et attachée soit à la selle, soit à ce qui en tenait lieu. La procession des Panathénées au Parthénon et les monuments romains ne nous en offrent aucune trace. La plus ancienne mention que nous en trouvions, et encore est-elle implicite plutôt que formelle, se trouve dans la *schedula diversarum artium* du moine Théophile, qui vivait au xe siècle. « *Cum clavorum copiam habueris*, dit le moine, *et eos configere volueris in* CORRIGIIS ASCENSORIIS SELLÆ EQUI, etc. » Ce sont bien là *les estriers*, *le sautoir* ou *sautoer*; mais ils étaient loin alors d'être d'un usage général.

Dans la *tapisserie de Bayeux*, qui est postérieure d'un siècle, nous rencontrons des étriers, mais tous les cavaliers n'en ont pas. Ceux qui en possèdent sont même au contraire en minorité, et souvent ils n'en ont qu'un qu'ils portent à gauche. Les miniatures des manuscrits, les sceaux et autres monuments d'une époque reculée, présentent à peu près les mêmes proportions et la même anomalie; mais, à mesure que nous avançons, l'étrier qui était à la fois une commodité et une sûreté, devenait plus fréquent. L'armure, en appesantissant l'homme de guerre, lui rend son aide indispensable pour monter à cheval. On en profite également pour le transformer en défense. Ainsi il couvre tout le pied par un revêtement en métal solide, presque toujours de fer ou d'acier. On en a vu cependant en bois, en ivoire, en or et en argent. Quelquefois même une plaque de fer, dite *garde-cheville*, est fixée à son extrémité extérieure et offre une protection à la jambe. On en fait aussi, surtout en Orient, une arme offensive, en le garnissant d'une pointe dangereuse qui court le long des flancs du cheval, ou parfois s'en écarte en les prenant pour base. On a élevé aussi à la hauteur de véritables objets d'art cette minime partie du harnachement du cheval, témoin la magnifique paire d'étriers mauresques en fer découpé à jour et ciselé qui a été donnée au Musée d'artillerie de Paris par M. le général d'Eblé. Il est impossible de rien voir de plus fin, de plus délicat et de plus parfait.

L'étrier devient aussi parfois d'une largeur gigantesque. Les Maures et les cavaliers à la ginette le portent d'une telle ampleur en ce sens, que trois ou quatre chaussures y tiendraient à l'aise. Tantôt il est soutenu par des étrivières en cuir doré et travaillé, tantôt par des chaînettes de fer, d'or ou d'argent, pareilles à celles des armures à mailles.

Enfin, comme dernière singularité, la tradition veut qu'à une époque où l'on mettait du poison partout, on ait fait jouer aux étriers le même rôle qu'aux gants chez nous, et qu'ils aient servi à débarrasser certains personnages de leurs ennemis. Mattioli, par exemple, célèbre médecin italien du xvie siècle, prétend, dans ses commentaires sur Dioscoride, qu'Amurat II mourut à Constantinople, en 1480, pour avoir monté à cheval avec un étrier *enduit d'un poison si subtil qu'il aurait percé sa chaussure et ses vêtements*. J'en doute fort; mais en tout cas il y a longtemps que les étriers ne servent plus à cet usage, et je défierais nos meilleurs chimistes de le faire revivre.

Planche VII. — CARQUOIS ET HOUSSES

Les n°s 1 et 2 de cette planche représentent des carquois moresques (*aljabas*) de forme bizarre, ou du moins peu commune, ornés de mosaïques et d'un très élégant travail. Ils portent à l'*Armeria* les n°s 1502 et 1507. Les ornements du second surtout rappellent entièrement les dessins de l'Alhambra. Ils sont d'une finesse, d'une grâce, d'un entrelacement pleins de charme. Il y en a un assez grand nombre d'à peu près pareils, sinon comme forme, du moins comme élégance, à l'*Armeria*, sous les n°s 1514, 1515, 1521, 1523, 1531, 1536, 1537, 1538, 1544 et 1545. On en possède trois à peu près semblables et richement ornementés au *Musée d'artillerie de Paris* (n°s 1301, 1302, 1303); seulement on leur donne une origine asiatique.

Le n° 3 nous offre un carquois différent des deux premiers. Il est si petit qu'on pourrait dire qu'il n'est bon tout au plus que pour un enfant; ses ornements sont à la fois riches et curieux; il est chargé de ses flèches. On voit son pendant au *Musée d'artillerie de Paris*.

Comme goût, ce carquois se rapproche assez, quoi qu'il ait plus de distinction, des armes chinoises et autres, qu'on peut voir dans notre tome 2e, planche 23, et dans le présent volume, planche 9, figures 1 et 2.

Le n° 4 représente un autre carquois, plus grand que le premier, de travail moresque à ce que je crois et très richement orné. La gravure en est très fine; il est garni de velours rouge à l'intérieur. Ce carquois offre cette particularité très rare, qu'il se ferme par en haut.

Les n° 5 et 6 de notre planche offrent des *housses* très élégantes. Celle du n° 5 a des ornements en argent rapportés sur un fond jaune; dans celle du n° 6 les ornements font partie de l'étoffe elle-même qui est en velours et uniformément rouge.

Le mot *housse* ne s'est point uniquement appliqué à cette sorte de caparaçon. On s'en est servi aussi pour désigner certains vêtements d'hommes. Ainsi, nous lisons dans les réglements du collége de Navarre : «*Omnes habeant habitus, videlicet tabeldos, seu houssias longas de brunetâ nigrâ.*» On l'a dit aussi des couvertures que les paysannes se mettaient autrefois sur la tête et les épaules pour se défendre du froid, et qui formaient l'ancienne *muliebris gausapa* des Gaulois.

La housse de cheval fut longtemps de cuir ou de peau; ce n'est que plus tard qu'on la fit en étoffe. Elle servait en général à conserver la selle; mais dans les cérémonies on l'employait comme ornement.

Au XVIIe siècle, les médecins, les magistrats, les bourgeois qui allaient en ville sur des mules, leur mettaient des housses brodées. Lorsqu'on était en bottes, elles ne couvraient que la croupe du cheval; si l'on était en souliers, comme il fallait préserver ses bas de toute souillure, les housses descendaient au delà de l'étrier et tombaient presque à terre. C'est ce qui a fait dire à Boileau, par une inversion peu juste et peu harmonieuse :

« Que l'on voit dans Paris avec la mort en trousse
Courir chez un malade un assassin *en housse*. »

Quant au carquois, il s'appela longtemps chez nous *carcas*, *carcaize* et même *turcois*. Nous lisons, en effet, dans une traduction manuscrite d'Ovide, citée par Borel : — « Un grand feu fist emmi le bois; son arc, ses flèches, son turcois y arsist, etc. » Le mot carquois est moderne relativement aux précédents.

Planche VIII. — SELLE DE TOURNOIS ET ARÇONS.

Les selles dont on voit les arçons représentés dans notre planche, ainsi que quelques autres (n° 293 à 2497, — 2501 à 2506, — 2511 à 2516), sont, d'après les anciens inventaires de l'*Armeria*, d'origine napolitaine et elles auraient été employées pour les tournois. Je les crois, en effet, de provenance italienne, et, pour la plupart, œuvres d'artistes célèbres. La perfection de leurs ornements et de leurs peintures semblent le prouver; mais, je pense, précisément à cause de ces dernières observations, qu'elles ont plutôt servi à des cérémonies publiques, à des entrées de princes, à des cortéges, qu'à des combats qui n'avaient de fictif que l'apparence, et où le choc de la lance aurait mis bientôt en pièce leurs remarquables ornements. Tout au plus admettrais-je qu'on a pu s'en servir pour ce qu'on appelait en France des *bouhours*, ou pour ce qu'on nommait en Espagne *cañas*, *estafermos*, *parejas*, sorte de combat, ou pour mieux dire des spectacles inoffensifs [1].

Ces arçons sont en bois, avec des ornements en relief, peints et dorés. Plusieurs de ceux qui ne figurent pas sur notre planche portent l'aigle impérial. Ils représentent, comme les nôtres, des combats, des chasses ou des compositions mythologiques. On a prononcé à leur sujet, dans le catalogue de l'*Armeria*, de bien gros noms, en attribuant leurs peintures à l'école de Caravage et à celle de Raphaël. Je reconnais volontiers le mérite de ces travaux d'art, mais de là à Jules Romain et à son divin maître, il y a loin.

Ce n'est pas de reste le seul ni le premier exemple de luxe que nous rencontrions à propos des selles. L'empereur Léon, dans sa constitution, se vit obligé de dire : « Ut nulli liceat in frenis et equestribus » sellis, vel in baltheis suis, margaritas, smaragdos et hyacinthas adoptare. » De même Théodose le Grand : « In quâdam lege præcepit (Panciroli Var. mem., p. II, tit. 16), ne sella cum frenis » et averta, sexaginta libras auri transeat. » Guillaume le bibliothécaire nous confirme également

[1] Le *béhour*, *bahourt* ou tout simplement *hour*, était néanmoins quelquefois dangereux. On ne pouvait (d'après La Colombière, dans son *Théâtre d'honneur et de chevalerie*) s'y servir *que de l'espée et de la masse accoutumée à l'homme de cheval*. Or, cette *masse* pouvait facilement tuer son homme au lieu de *l'étourdir*, ce qui était le but unique du *béhour*. Aussi Favin, qui fait observer que tous ceux *qui ont escrit des joustes et tournoys ont passé soubs silence quelle estoit la façon de cette masse*, la dépeint-il comme il suit : — « Leur masse estoit un baston de pommier pesant et bien noueux, dont le manche et la poignée estoit garnie (*sic*) d'or ou d'argent damasquinés de diverses figures et devises. De sorte que combien que ce fust comme une arme ordinaire du cavalier français, si est-ce toutefois qu'elle estoit pour offencer et deffendre. Et tousjours aux tournois il y en avoit quelqu'un de mal disné meshaigné de ces masses » On appelait aussi cela, ajoute Favin, *faire au poussis*, parce que l'on se poussait vivement à coups de masses pour forcer ses adversaires à regagner leur barrière et à vider la place. Ceux qui cédaient ainsi s'appelaient *behourdès ou mal atournès*, c'est-à-dire *estourdis du baston et hors d'haleine, les uns moulus de coups de masse et les autres de la presse*. On pouvait également dans les *bouhours* user « *pour jouster les uns contre les autres de la lance mornée (ainsi que l'on fait au facquin)*, *ou à fer de Rocquet; mais non pus à fer esmoulu*, » c'est-à-dire aiguisé comme pour un combat véritable.

(II, pp. Hadr.) le point où était porté le luxe des selles : « Singulos equos, dit-il, cum sellis aureis, devotione imperatoriâ capientes, etc. ». Enfin nous trouvons dans un autre document, (Tabul. S. Vincentii Cœnoman.) le prix d'une selle : « Filius ejus Odo habuit unam sellam septem solidis et octo de- » nariis emptam. »

Voilà pour l'époque déjà fort reculée du Bas-empire. On pourrait glaner encore quelques renseignements dans Vegèce (lib. IV, art. veterin., caput 6, de equis); — dans Sidonius Apollinaris (lib. 3, epist. 3), et dans quelques autres auteurs; mais quant à l'antiquité proprement dite, elle ne fournirait aucun document, car avant Valentinien (cod. Th. de cursû publi. 88, 5), il n'est pas même question des selles, et tout ce qui nous reste de bas-reliefs grecs et romains nous montre les guerriers chevauchant à crû, ou se servant, pour selles, de peaux, d'étoffes, de tapis pliés en deux ou en quatre, etc.

Plus près de nous, au xe siècle, le moine Théophile, dans son ouvrage intitulé : *Diversarum artium schedula*, a inséré un chapitre sur les selles de cheval et les litières à huit porteurs (*de sellis equestribus et octoforis*). Dans ce chapitre il parle des animaux, des oiseaux, des feuillages qu'on dessinait sur ces objets, et il indique les procédés à employer pour ce travail. Ailleurs ch. 57, (de opere ductili quod sculpitur), après avoir énuméré les applications du repoussé, il ajoute : « De la même façon, si vous en avez les moyens à votre disposition, vous pouvez, en or et en argent, faire des images sur les livres des Evangiles et les missels, de petits animaux, de petits oiseaux, des fleurs *sur l'extérieur des selles de cheval pour dames*; (et bestiolas, atque aviculas, ac flores super sellas equestras matronarum exterius). Jean de Garlande, qui écrivit son dictionnaire vers la deuxième moitié du xie siècle, parle également de selles peintes : « *Sellarii vendunt sellas nudas et pictas.* » Au siècle suivant, Pierre de Blois, s'élevant dans une vive satire contre les chevaliers, leur adresse de sanglants reproches, et nous les dépeint cheminant « avec des chevaux chargés, non de fer, mais de vin; non de lances, mais de fromages; non d'épées, » mais d'outres; non de javelines, mais de broches. » Un peu plus loin il ajoute : « Ils portent leurs » boucliers couverts d'or et les rapportent vierges et sans fracture; ils font peindre sur leurs selles et » leurs écus, des guerres et des combats de cavalerie pour se réjouir la vue de l'image des batailles qu'ils » n'osent affronter. »

Le luxe du Bas-empire, en fait de selles, avait donc passé à notre chevalerie. Les arçons, tant sur la partie de devant, dont l'arc reçut le nom de *battes*, que sur la partie opposée qu'on appela *troussequin*, furent ornés d'argent, d'acier, de damasquinure, surtout aux xiv et xve siècles. On y mit quelquefois jusqu'à des pierres précieuses. Ainsi nous savons que la mule de César Borgia, lors de l'entrée de ce personnage à Paris en 1499, portait une selle *chargée de roses de fin or* et que ce métal avait une épaisseur de plus de deux doigts.

Aux xvie, xviie et xviiie siècles, l'ornementation du harnais en général atteignait un degré de recherche presque incroyable chez certaines familles princières. La Russie et l'Orient se distinguèrent surtout en ce genre de dépense, et l'on a vu presque jusqu'à nos jours à Constantinople et à Pétersbourg, des selles de sultan ou de czar qui avaient coûté plus de cent mille écus.

Armes de la ville de Grenade empruntées à l'une des portes de l'Alhambra.

Planche IX. — RONDACHES JAPONAISES.

Deux armures entières de ce genre existent à l'*Armeria*; la première est rangée sous le n° 2396; la deuxième sous le n° 2459. Nos deux rondaches leur appartiennent. Ces armures sont en fer; elles furent, dit-on, offertes comme présent à Philippe II par l'empereur de la Chine; mais elles peuvent malgré cela être d'origine mogole ou japonaise. On peut voir, tom. II, pag. 29, ce que j'ai dit de ces vêtements de guerre plus affreux que terribles et qui, de nos jours, n'épouvantent pas plus les Anglais que ne le ferait l'épée de bois qui accompagne l'une d'entre elles ou la lance de bois qui complète l'autre (fig. 3 de notre planche). Quant à nos rondaches, elles sont toutes deux en branches d'osier peint, fortement entrelacées et maintenues par de petites ficelles en soie de diverses couleurs. Le centre est occupé par une plaque de métal. L'ensemble de ces rondaches offre un coup d'œil agréable.

Planche X. — POIRE A POUDRE DE BIGOTILLOS.

M. le docteur Meyrick a donné, dans son ouvrage sur les armes (planche 124, figure 7), une poire à poudre à peu près semblable à notre n° 1. Les exemples au reste n'en sont pas rares. Il y en a dans presque toutes les collections d'armes. Sa forme est élégante et gracieuse. Les ornements en argent ciselé qui l'égayent et la décorent, en outre du velours bleu qui fait contraste avec eux, ont un certain air mauresque (oriental au moins), qui a peut-être donné lieu à l'origine qu'on lui suppose. On veut, en effet, qu'elle ait appartenu à Bigotillos, rénégat devenu bey d'Oran après s'être sauvé en Afrique par suite d'un démêlé avec l'inquisition (voir les détails que j'ai écrits à son sujet, tome II de l'*Armeria real*, page 6 du texte, note 1; voir aussi *Los comentarios del marquès de San Felipe*).

Bigotillos avait 80 ans lorsque Philippe V envoya contre lui, en 1732, une escadre considérable (plus de six cents vaisseaux si nous nous en rapportons aux écrivains du temps). A l'arrivée de cette flotte devant Oran, à la vue surtout de l'armée qu'elle portait et que commandait le marquis de Montemar, les habitants prirent la fuite et abandonnèrent la ville. Mustapha lui-même, ou Hacen, car Bigotillos est connu comme bey sous ces deux noms, suivit leur exemple et abandonna son palais si précipitamment qu'il y laissa tous les objets dont il était rempli et même son trésor, trop lourd sans doute pour être emporté par lui.

Notre poire à poudre ainsi qu'une autre qui se voit à l'*Armeria real*, plusieurs poignards, des sabres, des éperons, des arquebuses, etc., proviendraient, dit-on, de la prise d'Oran et du sac du palais. On aurait trouvé également chez Bigotillos le manuscrit arabe dont j'ai parlé tome II et dont je consigne ici le prolégomène : — « Au nom de Dieu clément et miséricordieux. Que la paix soit avec Mahomet

» son prophète qui nous a délivré du joug de l'idolâtrie; avec ses parents et ses vénérables compagnons.
» Le but de ce livre est d'attirer les fréquentes bénédictions du prophète, en faisant connaître les nombreux avantages qui en résultent, pour le plus grand bien du lecteur, puisqu'il est absolument nécessaire à ceux qui veulent s'approcher du seigneur des seigneurs. J'ai intitulé ce livre : « Les présages des félicités et des splendeurs provenant des communications répétées avec le saint prophète. — « Désireux d'être agréable à Dieu, j'ai manifesté ainsi mon amour pour son auguste envoyé Mahomet.
» Enfin, je prie Dieu le tout puissant de faire de nous de véritables fidèles à sa loi. »

A la fin du manuscrit se trouve cette mention : — « Ce livre fut achevé la veille du jour consacré » à fêter la naissance de Mahomet, en l'heureuse année 1132. » Cette année de l'Hégire correspondant d'une manière fixe à l'an 1720 du Christ, j'ai donc commis une légère erreur dans mon deuxième volume, en disant que ce manuscrit avait été écrit à la Mecque ou à Médine vers 1716; mais cette inexactitude est le fait de l'ancien catalogue de l'*Armeria* lui-même auquel j'empruntais ce détail.

L'*aumonière* et les deux *poudrières* qui accompagnent notre planche sont aussi d'un fort joli travail; néanmoins elles n'offrent rien de particulier. Il y a à l'*Armeria* soixante-cinq autres poudrières de ce genre. Leur usage, d'après Meyrick, date de l'année 1640 environ. Elles succédèrent à la *cartouchière*, composée de petits tubes en bois dans chacun desquels se trouvait une charge de poudre. Ce ne fut qu'en 1690 qu'on adopta la cartouche telle qu'elle est encore aujourd'hui pour le fusil à pierre. En 1744, elle fut modifiée relativement à l'amorce.

Planche XI. — CUIRASSE AVEC FAUCRE; HEAUMES AVEC MENTONNIÈRES; SOULIERS EN FER.

Pour les six premiers numéros de cette planche, je ne puis que renvoyer aux divers renseignements sur la forme et l'usage de ces armes que j'ai donnés çà et là dans les deux premier volumes (voy. pl. 10, tom. 1; pl. 25, tom. 2, etc.). Seulement à propos du n° 5, qui occupe dans la collection de Madrid les n°s 1006 et 1005, je dirai que les rédacteurs du dernier catalogue de l'*Armeria real* regardent cette armure comme ayant appartenu à Charles Quint Elle est presque semblable à une autre occupant dans la même collection le n° 1004. Nous avons donné cette dernière dans la planche 10 de notre tome Ier, et nous avons dit que, d'après la tradition, elle aurait appartenu à Boabdil-el-Chico, roi de Grenade. Les rédacteurs du nouveau catalogue font ressortir ce que cette opinion a d'invraisemblable et affirment que les brassards de cette pièce appartiennent à l'armure de don Juan d'Autriche (voir notre t. 2, pl. 17.)

Cela est possible; mais ce qu'il nous importe davantage de faire ressortir, c'est l'épaisseur et la pesanteur de cette cuirasse qui devaient la rendre très fatigante à porter.

De La Noue, qui vivait vers la fin du règne de Charles IX, dans son quinzième *discours militaire*, dit, en parlant de cet inconvénient : « La violence des arquebuses et des piques a fait adopter avec raison une armure plus forte et plus à l'épreuve qu'elle n'estoit. Maintenant elles sont tellement pesantes que l'on est chargé d'enclumes plustot que d'estre couvert d'une armure. Nos gendarmes et notre cavalerie légère du temps de Henri II estoient bien plus beaux à veoir, avec leur salade, leurs brassards, les tassettes et le casque, portant la lance avec une banderolle, et leurs armes n'estoient pas d'un poids plus fort que ne peut porter un homme pendant vingt-quatre heures. Mais celles d'aujourd'hui sont tellement pesantes qu'un jeune chevalier de trente ans en a les espaules entièrement estropiées. »

On le conçoit aisément; mais alors qu'eût-il dit des soldats romains qui portaient, non-seulement « *le morion, l'espée et l'escu*, selon Montaigne, *car quant aux armes ils estoient si accoustumez à les avoir sur le dos, qu'elles ne les empeschoient non plus que leurs membres* (arma enim, membra militis esse dicunt); *mais quand et quand encore ce qu'il leur fallait de vivres pour quinze jours, et certaine quantité de paulx pour faire leurs remparts, jusques à soixante livres de poids.* »

De reste, ce défaut spécial aux armes défensives n'était point particulier à l'époque de Montaigne. Tacite raconte quelque part dans ses *Annales* que « des *crupellaires* en une occasion furent tellement accablés du poids de leurs armes défensives, que *tombés ils ne pouvoient se relever, et que comme ils ne pouvoient remuer*, ils furent selon l'expression de Mézeray *charpentés* par les Romains « *à coups de haches et de doloires.* » Le plus terrible désastre que nous ait amené le poids des armes est celui de la bataille d'Azincourt, où près de 10,000 chevaliers périrent dans la boue sous la charge énorme de leur propre équipement. Montaigne, dans ses *Essais*, nous signale encore un autre danger de cet état de choses. « C'est, dit-il, une façon vicieuse de la noblesse de nostre temps et pleine de mollesse de ne prendre les armes que sur le poinct d'une extrême nécessité et s'en descharger aussi tost qu'il y a tant soit peu d'apparence que le dangier soit esloingné : d'où il survient plusieurs désordres, car chascun

criant et courant à ses armes sur le poinct de la charge, les uns sont à lacer encore leur cuirasse que leurs compaignons sont desja rompus. Nos pères donnoient leur salade, leur lance et leurs gantelets à porter, et n'abandonnoient le reste de leur équipage tant que la courvée duroit. »

Quant au casque de la planche 10 de notre 1er volume, que Carré, dans sa *Panoplie*, et Allou dans ses *Etudes sur les casques*, appellent *pot de fer*, les Espagnols le nomment *baul* et quelquefois *olla*. Du moins ce mot est-il employé à propos d'un couvre-chef de ce genre dans un inventaire tiré des archives des ducs de Béjar : « *una armadura de cabeza que se dice baul.* » Mais à quel usage spécial servait le *baul*? Son deuxième nom lui venait probablement de ce qu'il ressemblait à un *olla* (en français *chaudière*), et dans le patois des Pyrénées *oule*. On dit l'*oule* de Gavarnie, pour le *cirque de Gavarnie*, endroit des plus pittoresques, dont la forme est tout à fait celle que présenterait notre casque s'il était ouvert sur un de ses côtés. Selon nous, c'est un casque de tournois ou de siége. Dans le premier cas il servait aux cavaliers; dans le second il protégeait les *engigneeurs*, comme on disait au moyen âge, c'est-à-dire les ingénieurs, les mineurs, les pionniers.

Les autres nos de notre planche représentent des *souliers en fer*, des *solerets* des *pédieux* et autres chaussures du moyen âge. Baïf, dans son livre *De re vestiariâ*, fait dériver le mot soulier de *solea*, sandale, semelle, et il nous apprend qu'il y en avait de fort riches. Ainsi, ceux qu'on appelait *souliers à l'apostolique* étaient peints en entier. D'autres, au dire de Jean, moine de Mormoutier (voir la vie de Geoffroy le Bel, comte d'Anjou, liv. I), étaient ornés, dans toute leur longueur, de petits lions en or (*leunculos aureos portantes*). Cela n'a rien d'extraordinaire. Dans un temps où l'on *historiait* les habits, on a bien pu historier aussi les chaussures.

Toutefois, il ne faut pas confondre, comme on l'a fait souvent, les *souliers* ou *solerets* avec les *heuses*, *houseaux*, *estivalets*, et surtout avec les *grèves*. Ces dernières étaient à proprement parler l'*armure* ou *lame* qui couvrait la jambe au-dessus du soulier; le *soleret* partait de la cheville et couvrait le pied. Il y en avait qui ne protégeaient que le devant du pied. Le reste était libre et sans défense. D'autres au contraire, comme les *houseaulx*, dont parle Villon dans son *Petit testament*, étaientsans avant-pieds. Une certaine espèce avait *de belles poinctes*, ainsi que s'exprime Rabelais dans Pantagruel, liv. IV, ch. XV, c'est-à-dire qu'ils étaient *à la poulaine*.

On est allé chercher bien loin l'origine de cette dernière mode, disgracieuse dans la vie civile et si gênante dans la vie guerrière que les chevaliers, lorsqu'ils étaient démontés ou lorsqu'ils voulaient combattre à pied (ce qui leur arrivait souvent comme je le prouverai plus loin), étaient obligés de couper avec une épée, afin de pouvoir marcher, la pointe de leurs poulaines; mais Orderic Vital, liv. 8, pag. 682, nous révèle naïvement, dans sa Vie de Fulco, le comment et le pourquoi de cette invention. « Ipse nimirum, dit-il, quia pedes habebat deformes, instituit sibi fieri longos et in summitate acutissimos subtolares : ita ut operiret pedes et eorum celaret tubera, quæ vulgò vocantur *uniones*. Insolitus inire mos in occiduum orbem processit, levibus que et novitatem amatoribus vehementer placuit. Unde sutores in calceamentis, quasi caudas scorpionum quas vulgo *spigacias* appelant, faciunt. Id que genus calceamenti pœne cuncti divites et egeni nimirum expectunt. Nam antea omni tempore rotundi subtolares ad formam pedum agebantur : eis que summi et mediocres, clerici et laici, competenter utebantur. »

Planche. XII. — BRASSARD, MORION ET JAMBIÈRES.

La figure 1 de notre planche qui représente un brassard complet, occupe à l'*Armeria* les nos 1745 et 1784. Ses *tassettes* et leurs ornements, consistant en un soleil et une couronne, sont en relief. Il y a cependant çà et là dans cette pièce des parties qui sont gravées. Ce *brassard* tout entier est d'un beau travail. Il est doré presque partout, et, comme les manches des hallebardiers suisses au XVIe siècle, il est *à bouillons* dans toute sa longueur. Il est de plus percé, à titre d'embellissement, d'un assez grand nombre de petits trous.

Notre no 2 offre un spécimen de cuirasse ou de corps d'armure assez bizarre et dont on ne s'explique pas bien l'usage. Cette pièce n'appartient pas au brassard qui précède, et elle n'a rien de commun avec le style du morion rangé sous les nos 3 et 3 *bis*. Ce morion bronzé est absolument pareil à celui dont se servaient les cuirassiers en 1645, d'après le docteur Meyrick, tom. 1, pl. 4 de son ouvrage. Il a une visière ou garde-vue fixe, avec un nasal mobile, des jugulaires ou oreillettes, et un garde-col ou couvre-nuque rentrant, c'est-à-dire *à queue d'écrevisse*, comme s'expriment les Espagnols (*de cola de cangrejo*). Il appartient à l'armure rangée à Madrid sous le no 594, armure d'enfant, en acier noir, allemand selon toute probabilité, entièrement garnie de clous dorés et qui ne figure pas dans notre ouvrage. Il pèse deux livres et deux onces espagnoles. Le tout fut envoyé de Flandres à Madrid en 1636 par l'infant

cardinal don Fernando, frère de Philippe IV, gouverneur des Pays-Bas (voir le texte relatif à la planche 16 de ce *supplément.*)

L'*Armeria* possède encore (n°s 2409 et 2385) provenant de la même origine, deux bannières d'infanterie conquises par le cardinal don Fernando en 1634 à la bataille de Norlingue, où il tua 8,000 Suédois, fit 4,000 prisonniers (parmi lesquels le général Horn), prit 80 canons, tous les bagages de l'ennemi, et l'épée du duc de Weimar qui lui fut apportée par le marquis de Leganès. Cette épée, rangée sous le n° 1708 de l'Armeria, est allemande et n'a qu'un seul tranchant. D'un côté de la lame il y a un portrait et au-dessous l'inscription suivante : — « FRID. HENRIC. D. G. AVR. PRINC. COM. NASS. CA. VB. » Au-dessus on lit encore : — « PRO ARIS ET FOCIS. PRO FIDE ET PATRIA. » Sur l'autre côté il y a un second portrait et au-dessous l'inscription que voici : — « *Joh. Georgi. D. G. Saxon. Jul. Clivmont. dux. sri.* » Au-dessus du portrait on lit : WILHELM WIRSBERG, et au-dessous : ME FECIT SOLINGEN. Tout cela est gravé à l'eau forte. La garniture est émaillée. Le docteur Meyrick, dans son tome II, planche 106, a donné une lame à peu près pareille.

L'on aperçoit par derrière, à l'origine du *caudal*, le porte-plumet qui, quelquefois, était placé au sommet de la tête. En général, lors de son apparition au XVe siècle (comme je l'ai dit dans mon premier volume, page 13) le *plumet* était d'une seule couleur, droit et assez peu fourni. Il avait la forme d'aigrette. Plus tard il se changea en *panache* qui fut la plupart du temps composé de plumes très abondantes et de milles nuances. Enfin, au XVIe siècle, on le remplaça par ces *lambrequins* monstrueux et exagérés qui descendaient en cascades de la tête du chevalier jusque sur la croupe de sa monture. On a vu aussi le plumet placé à la tête du cheval. C'est ce que rappelle Moratin dans ces deux vers de son poëme épique intitulé : *Las naves de Cortes destruidas* (octave 46) :

Sobre un potro de Cordoba lijero,
Lleno de carmesi plumajeria.

Quant aux *lambrequins*, ils n'étaient pas toujours, comme les panaches et les plumets, formés de plumes de hérons ou de cygnes; mais très souvent ils se composaient d'écharpes de dames, de ceintures, de longues bandes de soie ou de toile reproduisant des couleurs spéciales et particulières. Les premiers se portaient surtout dans les combats et remplacaient au besoin ce qu'on appelait jadis les *cognoissances*, témoin le mot célèbre de Henri IV : « Ralliez-vous à mon panache blanc : vous le trouverez toujours » au chemin de l'honneur »; les seconds étaient plus généralement affectés aux cérémonies publiques, aux tournois, aux pas d'armes, défis, etc. On peut voir à ce sujet les chars de triomphe de l'empereur Maximilien, et la belle tapisserie de Valenciennes que j'ai décrite dans mon livre sur les *Anciennes tapisseries historiées de France.*

Les jambières qui forment le n° 4 de notre planche ont la forme des anciennes *grèves* et elles les remplacent; seulement elles ont de plus la *genouillère* avec ses tassettes et des demi-*cuissards*. Ces jambières ont dû appartenir à notre n°

Fontaine de la cour des lions à l'Alhambra.

Planche XIII. -- COSTUMES.

Dans le premier volume de cet ouvrage, j'ai donné quelques détails sur des costumes à peu près pareils à ceux de notre planche actuelle. Je pourrais y renvoyer mes lecteurs; mais j'aime mieux compléter par quelques lignes ce que j'ai déjà dit sur ce sujet.

La *cotte d'armes*, appelée aussi *tornicle* ou *sarrasine*, était une riche étoffe brodée, fourrée de vair et d'hermine, presque sans manches, fendue des deux côtés comme une dalmatique. Elle est assez bien représentée par la figure deuxième de notre planche, qui n'est peut-être cependant qu'une tunique de hérault d'armes ou de grand seigneur. On portait la cotte d'armes à la guerre, aux tournois, etc.

Le *golisson*, *gambison*, *gambeson*, et plus tard *hoqueton*, car on trouve ce vêtement désigné sous ces divers noms, était également un pardessus qu'il ne faut pas confondre avec le *jaseran*. Il se composait d'une sorte de pourpoint fourré de coton bien serré et à contrepoint qu'on mettait sous les hauberts pour mieux résister aux coups d'épées et de lance. On l'appelait *auqueton*. Nous lisons dans l'*Hist. de Dugesclin*, ch. 40 : « Et ferit iceluy sarrazin tellement qu'il luy perça escu et jaseran; mais » l'auqueton estoit trop fort. »

Mathieu Pâris, dans sa Vie de Richard, parlant des présents que Baudoin fit au roi, s'exprime ainsi : « Et quod erat rarissimum, unum ALCATONEM satis levem, nullo spiculo penetrabilem, dedit. » Le vrai nom était *alcoto* et non *alcato*, comme on le dit dans le cas qui précède. L'auteur de *Gérard de Roussillon* ne s'y est pas trompé :

« Un ausberc ne vestit dessus ses alcoto »

Quant au *jaseran*, c'était une cotte tissue en mailles d'acier, ou une étoffe garnie de ces mêmes mailles. Dans ce dernier cas, on disait qu'elle était *jacerinée*. Ainsi, nous trouvons dans l'inventaire de Louis le Hutin : « *Item*, trois paires de couvertures gamboisiées des armes le roi et unes indes jaze- » quenées. » Au reste, voici un passage de Favin, qui éclaircit tout ce qui a rapport à cette question. L'auteur parle des cérémonies de la création d'un chevalier, et il s'exprime ainsi : « Après le bain, le » futur chevalier estoit revestu, sur la chair nüe, du *gaubison*. C'étoit comme un corps de cotte de » femme contre poincté, autrement appelé *auqueton*, et pardessus iceluy une chemise de gaze ou de » fine toile (*camisiam glizzinam*), ordinairement brodée d'or et de soye par les bouts et paremens. » Sur ceste chemise on mettait le *haubert*. C'estoit une cotte de mailles allant jusqu'aux genoux, un » collet de bufle pardessus, sur laquelle se mettoit la cotte d'armes, ainsi nommée de ce qu'elle estoit » faite par *lambeaux*, *des couleurs et livrées du chevalier présenté*. Ces cottes sont aux anciennes épitaphes » et peintures, représentées en façon des sayes assez courts, comme ceux-là des archers de la garde du » roy, riolez et palez de ses livrées; mais à présent on faict les cottes d'armes courtes, à la façon des

» chemises de Chartres, que l'on garde et porte par dévotion; et telles sont les cottes des roys, héraux » et poursuivants d'armes. »

Planche XIV. — ÉPERON.

En France nous ne faisons pas de différence comme noms entre les éperons de diverses formes. En Espagne au contraire, et avec raison, cette différence existe. On appelle *espuelas* les éperons à étoile qui sont ceux dont on se sert encore aujourd'hui, et *acicates* les éperons à pointes. On nomme aussi ces derniers *aguijones* dans la Péninsule, parce qu'ils ressemblent en effet à des aiguillons. On s'en servait spécialement, ou du moins principalement, pour monter à *la gineta*, et il y avait des règles particulières affectées à leur usage. On trouve encore de ces sortes d'éperons dont la pointe a plus d'un pied de longueur. Il y en a dont les *molettes* ou les *roses* sont d'une largeur considérable. Les uns étaient en fer, d'autres en acier, d'autres en bois très dur. Lorsqu'ils étaient en or pur, on les appelait au moyen âge *esperons d'ormier*. Exemple :

« Plus que faucon ne vole quand a fain de mangier,
« Point li dus li cheval des esperons d'*ormier*. »

L'éperon passait pour la partie la plus noble de l'armure, pour la marque la plus distinctive du chevalier. L'écu seul pouvait lui disputer cet avantage. Aussi était-ce un vieux dicton français *que le chevalier commence de s'armer par l'éperon et se rachève par l'écu*. Le page et le valet portaient l'éperon en bronze; l'écuyer en argent; le chevalier en or ou doré. En cas de dégradation, on enlevait ses éperons au coupable, et, d'après les *Établissements de saint Louis*, on les lui tranchait *sur un fumier*. L'éperon était pris quelquefois pour un signe de vassalité. Ainsi en 1504, dans le traité de Blois, il fut convenu que le roi de France enverrait tous les ans à l'empereur, le jour de Noël, une *paire d'éperons dorés* par forme de rétribution annuelle et comme signe qu'il tenait de lui le duché de Milan.

Les éperons sont célèbres dans notre histoire par deux journées néfastes, qui leur ont emprunté leurs noms. La première eut lieu sous Philippe le Bel en 1302, entre Bruges et Courtrai. Elle coûta la vie au comte d'Artois et à trois ou quatre cents chevaliers; la seconde eut lieu sous Louis XII, en 1517, et le souvenir en est encore plus triste.

L'usage des éperons remonte chez nous aux premiers temps de la monarchie. En voici la preuve. Lorsqu'en 1632 on ouvrit à Autun le tombeau de Brunehauld, on trouva parmi des cendres et des morceaux de charbon une molette tombée des flancs du cheval qui traîna cette reine. D'autre part, Guillaume de Tyr nous apprend que ce fut en frappant sa femme de ses éperons « que le roi Jean de Brienne la tua. » Néanmoins, dans beaucoup de monuments du moyen âge, les chevaliers n'ont pas d'éperons. Dans d'autres ils n'en portent qu'un à la manière des femmes. Celui que représentent les figures 5 et 6 de notre planche est attribué à Benvenuto Cellini. Sa damasquinure est superbe. A ce propos je compléterai ici en quelques mots ce que j'ai dit dans une feuille précédente de ce genre d'ornementation, qui constitue en quelque sorte tout un art à lui seul.

Apporté d'Orient en Italie après la chûte de Constantinople, le damasquinage arriva à son apogée au XVIᵉ siècle. Rome, Milan, Venise surtout, s'y distinguèrent. Parmi les plus célèbres artistes vénitiens de ce temps-là il faut compter Paolo, qui reçut le surnom d'Azimino à cause de sa grande réputation dans ce difficile travail qu'on appelle souvent en Italie : *lavoro all' azzimina*. Il servait principalement à la décoration des armures. Vasari cite comme de très habiles ciseleurs-damasquineurs Philippe Negroni, armurier célèbre, — les deux Piccinini qui firent des casques, des boucliers, des épées pour les Farnèse, — Romero, qui en fabriqua de magnifiques pour Alphonse d'Este, etc. Nous ajouterons à cette liste un nom français, celui de Cursinet, qui fut le plus célèbre damasquineur et fourbisseur du règne de Henri IV.

L'*Armeria* possède un magnifique gorgerin orné de splendides reliefs en argent représentant l'armée espagnole assiégeant Saint-Quentin. Il a appartenu à Philippe II et on l'attribue à Lucio Piccinino, frère cadet de Frédéric, dont Morigia, dans son ouvrage intitulé : *La nobilta di Milano*, dit qu'il était l'un des plus rares et des plus excellents artistes *nel lavorare di relievo ed in ferro ed in argento, si di figure, come di grotteschi ed altre bizarrie d'animali, fogliami e paesi e nella gemina.* »

Planche XV. — MASSES D'ARMES.

J'ai donné dans une note qui se rapporte à la planche 8ᵉ de ce volume quelques détails sur les masses d'armes qui servaient dans les *béhourts*. Celles qui sont représentées dans notre planche étaient employées dans les combats véritables. Entre des mains habiles, ou maniées par un bras fort, elles devenaient des armes terribles.

Originairement on appelait la masse d'armes *bouge* ou *plombée*, parce qu'elle était garnie de plomb. Il ne faut pas la confondre avec le *maillet*, la *mailloche*, le *maillotin*, le *marteau d'armes*, ni avec le *fléau* ou *fouet d'armes*, qui étaient armés de chaînettes ou de boulets.

Il nous est resté de nombreux exemples de masses d'armes de toutes formes et de tous poids, les unes avec des pointes, les autres découpées comme celles de notre planche, ou offrant un corps compact. On avait aussi l'*estoc volant* ou *bâton court*, assez semblable à nos casse-têtes modernes. On pouvait le cacher sous ses habits, dans sa poche ou sous son bras pour s'en servir tout à coup contre son ennemi. Maître Guillaume, bouffon de Henri IV, avait toujours un de ces *bâtons volants* sous sa robe pour le jeter à la tête des pages et des laquais ; et, par allusion à la seconde partie de son nom, il l'appelait son *oisel*. Rabelais, dans son Gargantua, liv. I, ch. XXXV, en arme un de ses personnages : « Gymnaste, soubdain se tournant, lancea un estoc-volant au dict Tripet. »

Planche XVI. — GANTELET ET BARRETTE DU CARDINAL XIMENÈS ET CLEFS D'ORAN.

Les rédacteurs du dernier catalogue de l'*Armeria real* prétendent que ce gantelet, pas plus que le casque et l'armure qu'on voit dans notre tome II, planches 18 et 3, n'ont appartenu au cardinal Ximenès, comme le voulait jusqu'ici la tradition que nous avons suivie, mais bien à Philippe III. Ils se fondent, pour donner à l'armure dont un fragment nous occupe, cette nouvelle origine non moins illustre que la première, sur ce qu'ils auraient trouvé au bas du panache un petit écusson contenant le chiffre de ce prince. Ne pouvant contrôler cette opinion, puisque nous n'avons pas revu les monuments depuis l'impression du nouveau catalogue (1854), nous la tenons volontiers pour exacte.

Les mêmes auteurs enlèvent aussi aux nᵒˢ 2 et 3 de notre planche l'origine que nous leur avons conservée et qui les désignait, ainsi que le nᵒ 1, comme provenant du cardinal Ximenès. Ils font venir cette barrette du cardinal infant don Fernando (voy. plus haut le texte de la planche 12), frère de Philippe Iᵉʳ, gouverneur des Pays-Bas et vainqueur à Norlingue, en 1634, du duc de Weimar. Le fait est que cette barette est rangée dans l'*Armeria* sous le nᵒ 376 avec une armure complète (moins les cuissards et le bas du corps) portant le nom du cardinal don Fernando, — armure fabriquée à Bruxelles par *Jacques Vois*. Autour de cette barette on lit : — *Ave Maria gratia plena. Dominus tecum, benedicta tu in mulieribus.* Sur le garde coude, sur le brassard droit et ailleurs, on lit encore les mots : JHES. MA. — NASARENUS REX. — O MATER DEI MEMENTO, etc. Sur le brassard gauche on lit même une partie de l'*Ave Maria* en flamand.

Les nᵒˢ 4 et 5 de notre planche passent pour être les clefs d'Oran qui furent remises à Ximenès lorsqu'il prit cette ville. (Voy. pag. 29 de notre Iᵉʳ volume, et pag. 2 du second.)

Guerrier asturien armé du mailloche. (15ᵉ siècle.)

Planche XVII. — DIVERSES ARMES.

Cette planche nous offre diverses armes, la plupart de parade ou de chasse. Ainsi les nos 2 et 10, qui diffèrent par les détails, mais qui se rapprochent par la forme générale, sont des épées-épieux. On a pu en user pour se battre; mais ils ont dû servir surtout à la chasse pour forcer le sanglier.

L'un d'eux, dont la garde est pareille à celle des *montantes* que les papes envoyaient aux rois d'Espagne, semble fait pour être manié comme l'épée à deux mains qui s'appuyait sur la cuirasse, dans une virolle, et avec lequel, ainsi qu'avec l'espadon de nos jours, on exécutait le *moulinet*. Ce genre d'escrime et d'épée était, à ce qu'il paraît, au XVIe siècle, fort à la mode parmi les étudiants du midi, car Rabelais, dans son éducation de Pantagruel, liv. 2, ch. V, écrit, en parlant de son héros : « De Bourdeaulx vint à Toulouse où apprint » fort bien à dancer et à jouer de l'espée à deux mains comme est l'usance des escholiers » de la dicte université. »

Le n° 3 de notre planche est une sorte de couteau de chasse plutôt que d'épée. A la guerre, c'était l'arme de l'homme de service appelé *coustellier* ou *coustillier*, qui accompagnait le chevalier et qui, souvent, l'aidait à *depêcher* son ennemi, en glissant la pointe de sa *coustille* aux défauts de l'armure, tels que la gorgière, les tassettes, la visière, ce que le chevalier, gêné par son vêtement d'acier, ne pouvait pas faire. Bernard de Dammartin, comte de Boulogne, tombé à terre et pris sous son cheval, dût la vie à cette circonstance. Quant au poignard qui accompagne le n° 3 de notre planche, il est de forme très ordinaire. Le n° 12 se distingue au contraire par sa largeur inusitée qui devait produire de dangereuses blessures. Notre n° 9 est une sorte de *dague* ou *miséricorde* très effilée, à double tête d'aigle couronné. Elle a probablement appartenu à Charles-Quint.

La dague est une arme fort ancienne. Elle figure déjà dans les statuts de Guillaume, roi d'Écosse, au chapitre 23, et son usage fut interdit par divers conciles, notamment par celui de Pise. On appela aussi de ce nom (en latin *dacæ secures*) le fer qui garnissait les deux bouts de certaines masses d'armes. Nicod, dans son dictionnaire, définit ainsi la dague : « C'est une manière de courte épée qu'on porte d'ordinaire, non avec pendants de ceinture, ains attachée droite à la ceinture du côté droit ou sur les reins, laquelle ores est large et à poincte d'épée, ores est façonnée à deux arestes entre les tranchants et à poincte plus aiguë. La dague se pouvoit aussi nommer poignard, combien que le poignard est plus court et moins chargé de matière en ce que celui qui le porte à tous propos l'empoigne, ores par contenance, ores pour se faire craindre, ores pour frapper. »

Il y avait aussi le *daguenet*, le *ganivet*, le *poinçon*, le *sangdedez*. Ce dernier était à lame très courte et il fut surtout en usage à Venise parmi les nobles. On l'appelait par dérision *cinque dea*, comme s'il n'eut eu que cinq doigts de long. Le vieux dictionnaire italien-françois d'Antoine Oudin le nomme *cinque dita*.

La *miséricorde* ressemblait beaucoup à la dague; seulement son nom indique plus clairement son usage. Il paraît que la prestesse de nos soldats leur donnait de grands avantages lorsqu'ils se servaient de cette arme. Nous lisons en effet dans les *Annales de saint Louis*, par Guillaume de Nangis, le passage suivant : « Quant ce virent et aperçurent les François, si prirent petites espées que ils avoient et s'écrièrent que on férit d'estoc pardessous les esselles, où li Alemans estoient plus legièrement armé. A ceste criée fu la bataille grant et mortel; car les François leur plunjoient les *miséricordes* ès costés jusques aux poins, si que en tele manière furent vaincus les Alemans par la soutiveté des François, et poi ou nient n'en eschapa que il ne feussent tuit occis. »

Les Espagnols avaient la *mandosiane* ou *mendocine*, sorte de courte-épée appelée ainsi de l'un des seigneurs de Mendoce qui en avait le premier introduit l'usage chez eux. Nous trouvons cette arme mentionnée dans les *controverses* de Gratien du Pont, sieur de Drusac (liv. II, fol. IV) en ces termes :

« Dagues, poignardz avoient et *mendosaines*
» Qu'à se deffendre de près l'on trouve saines. »

Les poignards, de quelque nom qu'on les appelle, ont été souvent garnis de pierreries, de ciselures, d'ornementations en argent et en or. Comme c'est une arme plus *en vue*, plus *personnelle* en quelque sorte que les autres, on se plut à l'enrichir de toutes les façons; mais il y a peu de poignards aussi beaux que celui qui a été généreusement offert à l'*Armeria reale* de Turin par M. le baron de Mortemart-Boissé. Cette arme précieuse est couverte de perles fines. Elle a appartenu à Tippoo-Saïb, et elle a dû coûter à son premier possesseur (voir le catalogue de l'*Armeria* de Turin) une somme considérable.

Le n° 4 de notre planche est une masse d'armes de forme particulière qui pouvait, comme d'habitude de fouet d'armes ou fléau, s'attacher à la main ou au poignet avec une chaînette en fer. J'ai déjà parlé plus haut (page 15) de cette arme terrible qui, grâce à sa pesanteur, fracassait les écus, brisait les têtes et faisait voler les épées en éclat. Toutefois Rabelais augmente un peu trop la force et la grosseur de celle qu'il met, au livre II, ch. XXIX de Pantagruel, dans la main de Loup-garou. En effet, selon lui, « elle étoit toute d'assier, pesant neuf mille sept cent quintaulx deux quartrons. A son extrémité » pendoyent treize poinctes de diamans, » dont la moindre « estoit aussi grosse comme la plus grande » cloche de Notre-Dame de Paris. »

Les n°s 5, 7, 8 et 9, rentrent dans la classe des *armes de hast*, comme on les appelait, telles que *hallebardes*, *voulges*, *piques*, *guisarmes*, *godendaz*, *pertuisanes*, *rançons*, *bastons à virolle*, etc. Voici ce que le savant Fauchet, dans son livre *De la milice et des armes*, dit des premières : — « Pour le regard des hallebardes, elles sont trop récentes comme je croy, et venues d'Allemagne ou de Souisse, pour ce que je trouve en un journal d'un curé de Saint-Michel d'Angers, qu'environ l'an M. CCCC. LXXV, le roy (j'entens Louis XI) fist faire à Angers et aultres bonnes villes de nouveaux ferremens, qui furent portez à Orléans, comme aussi d'Italie, et par des gens de mer, les pertusanes, rançons et langues de bœuf furent inventées. »

Le *vouge* ou *voulge* était une sorte de serpe ou plutôt de faucille emmanchée à une longue hampe. On appelait *voulgiers*, d'après la *chronique scandaleuse*, les soldats qui portaient cette arme. Elle était fort ancienne en France, et elle est souvent mentionnée dans nos vieux écrivains. « Si estoient bien 700 lances et 200 d'aultres gens que nous appelons maintenant gros vallets, à vouges, dagues, bastons, etc., » dit Froissard, ch. 9, vol. 2. Les *voulgiers* précédèrent de beaucoup les Suisses dans l'armée française. Ce fut Louis XI qui y introduisit ces derniers, avec leurs hallebardes, en 1475, et depuis ils y sont toujours restés. Néanmoins ce prince ne détruisit pas complétement les voulgiers, car d'après les mémoires manuscrits de messire Aymar de Puissieu, dit Cadorat, chevalier, conseiller, maître d'hôtel du roi et bailly de Mantes, il avait constamment auprès de lui quatre compagnies de *francs archers*, dont une était armée de *voulges*, une autre de *lances*, la troisième d'*arcs*, et la quatrième d'*arbalètes*.

La *pique* consistait, comme la lance, en un fer pointu placé au bout d'une hampe plus ou moins longue. Elle servait à l'infanterie, comme la baïonnette aujourd'hui, pour enfoncer l'ennemi ou pour arrêter la cavalerie. Dans ce dernier cas, les piquiers s'avançaient au devant des archers ou des arbalêtriers qui tiraient par-dessus leurs têtes; ils mettaient un genou en terre, inclinaient leurs piques et présentaient à l'ennemi une herse de fer que le poitrail des chevaux, même bardés de plaques solides, ne parvenait pas toujours à renverser.

La *guisarme*, que Montaigne appelle *bisaigüe*, et quelques autres écrivains de son temps, *hache à deux tranchants*, était en outre surmontée d'une pointe aigue. Elle est citée dans un passage d'Eustache Deschamps qui mérite d'être consigné ici :

« De males dagues de Bourdeaux
» Et d'espées de Clermont;
» De dondaines et de couteaux
» D'acier qui à Milan se font,
» De haiche a marte qui confond,
» De croque pois, de fer de lance,
» D'archegaie qu'on jette et lance,
» De faussars, espaphus, *guisarmes*,
» Puist-il avoir plaine sa panse
» Qui me requerra de faire armes. »

« Le *godendac* était une espèce de hallebarde particulière aux Flamands; elle se maniait à deux mains et hors des rangs. Les grandes chroniques de Saint-Denis en font mention comme il suit, à l'année 1302 : « Les Flamands aus lances agues bien ancorées, que l'on appelle boute-hasches et godendars, etc. » Guillaume Guiart, dans ses *Royaux lignages*, les décrit ainsi. Il parle des Flamands et dit :

» A grans bastons pesant ferrez
» A un lonc fer agu devant
» Vont ceus de France recevant.
» Tiex bastons qu'il portent en guerre
» Ont nom *godendac* en la terre.....
» Cil bastons sont lons et traitis,
» Pour férir à deus mains faitis.
» Et quant l'en en faut au descendre,
» Si cil qui fiert y veut entendre
» Et il en sache bien ouvrer,
» Tantost peut son cop recovrer
» Et ferir, sans s'aler moquant,
» Du bout devant en estoquant
» Son enemi parmi le ventre.
» Et li fer est agu qui entre
» Légièrement de plaine assiete
» Par tous les lieux ou l'on le giete
» S'arméures ne les detiennent.
» Cil qui les grans *godendas* tiennent,
» Qui l'ont a deux poings empoignez
» Sont un poi des renz esloignez.
» De bien férir ne sont pas lasches,
» Car les lances d'ous esloignies,
» Les *godendas* et les coignies
» Mettent à mort ès herbages
» Chevaliers, escuiers et pages.

La *pertuisane* ressemblait beaucoup à la *hallebarde* et à la *guisarme*. Comme la première, elle avait toujours une pointe aigue qui a souvent varié de forme; comme la seconde, elle avait, tantôt deux tranchants en forme de haches, tantôt un seul, plus un marteau pointu ou rond. On s'en est servi dans l'armée française jusqu'en 1670.

Le *rançon*, que les Italiens appelaient *rampicorne*, était à peu près pareil au *voulge*; seulement il était plus terrible parce qu'il portait de chaque côté de son fer une sorte de hameçon qui empêchait de le retirer aisément de la blessure. Quelquefois ces deux ailerons avaient la forme d'une fleur de lys, ce qui a fait donner à l'arme, en latin du temps, le nom de *hasta liliata* ou *trifurca*.

Le *baston à virolle* était un bâton creux d'où, en tournant une vis, on faisait sortir une lame qui y était cachée. On l'appelait aussi *virolet*. C'est à son propos que Froissart, ch. CI, t. 2, dit : « Et portoit chascun de ceux du Franc de Bruges, ung plançon à picquot de fer à virolle. » Le même écrivain dit encore, ch. XCIX, t. 2 : « Il estoit ordonné et commandé de par le roi que sur la vie, en l'ost nul ne » parlast flament *ne portast baston à virolle*. » Pourquoi cette défense du roi? — je l'ignore.

Les n°s 8, 14 et 15 de notre planche offrent, le premier, un sabre dont la garde n'est pas commune et qui a quelque analogie avec un sabre aux armes de Sixte-Quint donné dans notre Ier volume. Le deuxième, reproduit une épée assez pareille à celle de la planche 28e de notre Ier volume; seulement la poignée en est plus longue et pourrait presque faire croire que cette arme se maniait avec les deux mains. Le n° 15 est une longue épée (sorte d'espadon) qu'on pourrait, sauf pour quelques détails de la garde, rapprocher de l'épée *dite du Cid* qui figure à la planche 30 de notre Ier volume. Pas plus que cette dernière, elle ne remonte à une haute antiquité, et tout au plus, selon moi, pourrait-on en faire une épée des gens d'armes du temps de Bayard.

Planche XVIII. — DIVERS PLASTRONS ET HOUSSES DE CHEVAL.

La première partie de la dénomination de cette planche (divers plastrons) n'est pas tout à fait exacte. Il n'y a peut-être réellement de plastron dans les objets représentés ici par M. Sensi que le troisième, qui ressemble assez aux par-dessus en buffle du XVIIe siècle. Le second paraît être plutôt du XVe siècle que postérieur. C'est sans doute un vêtement de *page* ou de *jouvencel*. Du moins y en a-t-il un exactement pareil à celui-là dans la *Danse des morts de la Chaise-Dieu*, dont j'ai donné, il y a quelques années, une édition in-4°. Enfin le premier vêtement de notre planche, à plis au-dessous de la ceinture et à crevées sur la poitrine, appartient au XVIe siècle. C'est le vêtement de cour de Charles-Quint et de François Ier.

Quant aux housses, on peut voir ce que j'en ai dit dans le texte de la planche 7e du présent volume.

Planche XIX. — CAPELLINE ARABE, MORION ET SALADE dite BOURGUIGNOTE.

La capelline formant le n° 1 de notre planche 19e a appartenu à Ali-Pacha, amiral de la flotte turque, et qui la commandait à la bataille de Lépante. C'est une des pièces les plus rares et les plus précieuses que l'art puisse produire. Elle a la forme conique, légèrement et gracieusement déprimée vers le haut, et elle se termine par un bouton taillé à facettes. On la dirait composée de diverses pièces qui auraient été réunies par un procédé aujourd'hui perdu. Sa visière est fixe; son nasal est mobile.

Cette belle capelline était toute ciselée d'or, ainsi qu'on le voit encore en certains points de sa surface, et, d'après les anciens inventaires de l'*Armeria*, elle était ornée de 36 rubis, de 4 turquoises, de deux diamants qui ont aujourd'hui disparu.

Sur la bordure de la visière ont lit l'inscription arabe qui suit : « J'ai mon refuge en Dieu contre

» satan le lapidé. Peu s'en faut que les mécréants te regardent avec des yeux pleins de malice en écoutant » les avis du Coran et ne disent : — « Certes, cet homme a perdu le jugement » — ; mais ceux-là mentent, » car ce livre n'est autre chose qu'un avertissement pour toutes les créatures vivantes. » (Coran, sura LXVIII, vers. 51 et 52.)

Le nasal offre l'inscription suivante : « Il n'y a pas d'autre dieu qu'Allah! Mahomet est le messager » d'Allah! »

Sur la partie inférieure du casque, mais pardevant, on lit : « Amour aux croyants. Le secours de » Dieu est la victoire prochaine, ô Mohammed! » (Coran, sura LXI, v. 13). — Par derrière et dans trois » ovales, on trouve les lignes que voici : « Au nom de Dieu clément et miséricordieux. Il est certain que » nous t'ouvrons une large voie pour qu'en la suivant Allah te pardonne tes péchés passés et à venir, » qu'il te concède pleinement sa grâce et qu'il te dirige dans le droit chemin. » Tous ces caractères arabes sont gravés; le nasal et le frontal sont mêlés d'or. Le tout pèse 3 livres et 8 onces.

Planche XX. — VÊTEMENTS DE GUERRE OU FAUSSES CUIRASSES.

J'ai déjà donné, à propos de la planche 13e de ce volume, quelques détails sur les costumes de cour et de guerre; il serait inutile de les répéter ici. Il me suffira de dire que les trois vêtements représentés dans notre planche sont fortement rembourrés. L'un d'eux (le premier), qui possède des demi-jambières, est recouvert de *lamelles* en métal, qu'antérieurement (vers le XIIIe siècle) on nommait *plates*, et ses manches couvrent le bras entier. Les deux autres sont tout simplement en étoffe rayée pour l'un, semée d'ornements pour l'autre, et leurs manches se terminent à quelques pouces de l'épaule par un bourrelet ou bouillon. Ces espèces de cottes ne descendaient jamais plus bas que le genou.

Du reste l'usage du vêtement court remonte fort loin en France, témoin ce passage de Favin (Théâtre d'honneur et de chevalerie, liv. Ier) : « Nostre roy Charlemagne voyant les incommoditez que les cazaques des anciens Gaulois (la saye et le hocqueton) apportoient aux gendarmes françois pour n'aller qu'à la moitié des fesses, ainsi que les manants de villages aux environs de Paris, avec leurs *paletots* blancs ou violets, ordonna que les François reprendroient le *reistre* ou grand manteau. » Mais cet ordre ne fut pas exécuté durant longtemps, car le *pallium* carlovingien était loin d'être commode.

Les statuts d'Etienne Boileau contiennent également sur les *cottes* et *gamboisons*, ou pour mieux dire sur la manière de les faire et de les rembourrer, des détails assez curieux. En voici divers passages : « Premièrement que nus ne puisse fère *cote ne gamboison* de tèle (toile), dont l'envers et l'endroit ne soit de tèle noeve (neuve) et dedans de coton et de plois....

» *Item*, si l'en fait cote ne gamboison dont l'endroit soit de cendal (sorte de soie pareille au taffetas) et l'envers soit de tèle, si veulent que èle soit noeve et se il i a ploi dedenz de tèle ne de cendal, que le plus fort ploit soit de demie-aune et de deux-quartiers de lonc au meins devant et autant derrières; et les autres plois lons en suivans; et se il i a borre de soie que le liet de la borre soit de demie-aune et deux-quartiers, au meins, devant et autant derrières; et se il i a coton, que le coton vienge tout contreval jusques aus pieds.

» *Item*, que l'on ne face cote gamboisiée espesse de la monstance de VI livres pesant, que l'envers et l'endroit ne soit neuf; et se l'envers ou l'endroit est viez que il soient forfaictés, et telle œuvre doit estre fauce et doit estre arse (brulée). »

Planche XX *bis*. — ARÇONS, SELLES ET ÉTRIERS.

Je ne puis que renvoyer, à propos de ces divers objets, à ce que j'ai dit de leurs similaires, pages 5 et 7 du présent volume. On y trouvera des explications suffisantes pour en bien comprendre l'usage général ainsi que les détails spéciaux.

Portrait de Guillaume le Conquérant revêtu du *reistre* ou manteau long (*pallium*), d'après une sculpture de 1066.

Typ. Cosson, r. du Four St-Germ., 43.

Planche XXI. — ORNEMENTS.

Pour me conformer à la tradition espagnole, je dirai que l'objet principal qui se trouve reproduit ici (la figure placée sous la lettre G de notre planche), provient, comme les ornements qui sont rangés à l'entour, de la chapelle de Charles-Quint. Il est en argent doré et a servi longtemps encore, après le grand empereur, au culte des rois d'Espagne. Cette figure formait le dessus d'une espèce de Saint-Sacrement; elle représente, dit-on, Isabelle-la-Catholique, couronne en tête, le saint ciboire en main, et ayant près d'elle la Giralda de Séville, monument symbolique de la nationalité espagnole et que nos voisins de la péninsule ont reproduit à ce titre des milliers de fois.

Les ornements A, B, C, D, etc., ont la même provenance; on voit sur l'un d'eux l'aigle à deux têtes. Ils sont d'une grâce parfaite, et la multiplicité des sujets qui s'y trouvent reproduits a permis à leur auteur de montrer à la fois sa supériorité d'ensemble comme composition et son habileté de détails comme exécution. En les étudiant un peu attentivement, on y retrouve vite les traces du goût mauresque, et, dans quelques-unes de leurs parties (lettres D, E, F), on rencontre des emprunts faits presque servilement aux sculptures ou aux moulages de l'Alhambra.

Planche XXII — PARDESSUS D'ARMURES.

J'ai déjà donné dans ce volume divers exemples de costumes à peu près pareils à ceux de notre planche et de la même époque environ. On s'en servait tantôt comme de pardessus, tantôt comme de vêtement principal. Quelquefois (et nous en avons vu un exemple planche 3e de ce volume), on plaçait sur la poitrine de celui qui portait la *cotte* ou le *gambison*, soit ses propres armes, soit les armes du prince, ou du seigneur qu'il servait. De là vint la manie de prendre des armoiries auxquelles on n'avait aucun droit personnel. C'est ce qui a fait dire à un vieil écrivain que j'ai cité déjà, Favin : « Aujourd'hui il n'y a si petit marchant et artisan qui ne veuille contrefaire le noble et se donner des armes, la pluspart faussement faictes et pirement blazonnées; et leur excellence est, quant ils riment et respondent sur leur nom, comme ville-Bichot (une ville et un faon de biche); — Burdin (un bourg et un dain); — clergeon, (une clef et un jonc.) J'ay veu un couvreur se donner des armes d'azur au chevron d'or, au croissant de gueules, au hault d'iceluy deux estoiles d'argent au chef et la sphère celeste soubs le chevron, tymbrées et lambrequinées (extrême impudence) comme s'il eût esté noble de quatre races. Il n'y manquoit plus qu'une eschelle et un ballet à nettoyer les tuiles pour cimier. »

Suivant les occasions et les personnes, on donna à ce vêtement le nom de *jaque* (d'où le vieux mot français qui nous est resté *jaquette*), de *casaque*, de *cotte*, de *saye*, etc. J'en trouve une preuve, pour deux de ces mots, dans Brantôme, *Vie des grands capitaines*, à l'article qui concerne Charles-Quint. Il s'agit du couronnement de ce prince à Bologne par le pape. L'historien décrit l'ordonnance et l'entrée des troupes « que menoit dom Anthoine de Leyves porté par des esclaves dans une chaise de velours cramoisy, suivi de mille hommes d'armes des vieilles ordonnances de Bourgoigne, tous bien montés et bien armés, et couverts de leurs riches *casacques* d'armes, la lance sur la cuysse; » puis viennent les pages de l'empereur, montés de très beaux chevaux, « les uns à la genette, les autres à la commune, que les Espaignols appeloient pour lors à la bastarde; » enfin apparaissait l'empereur lui-même « monté sur un fort beau genêt d'Espaigne, bay obscur, armé de fort belles et riches armes, dorées et couvertes d'une *saye* de drap d'or. »

Les casaques étaient souvent en velours cramoisi comme celles des gens du duc de Savoie au siége de La Rochelle. Souvent aussi elles étaient garnies de broderies d'or et quelquefois d'argent, comme on le voit, par exemple, dans la Vie du connétable de Bourbon. Ses soldats s'étant mutinés en Italie, il leur donna, dit Brantôme, « toute la vaiselle d'argent de sa maison et le peu de bagues et joyaux, meubles et habillements qu'il avoit en ses coffres, si bien qu'il ne se réserva rien pour soy que l'habillement qu'il portoit sur luy et *une casaque d'argent qu'il portoit sur ses armes, car il la vouloit belle!* Ce qui contenta si bien les soldats qu'ils jurèrent tous de ne l'abandonner en quelque part qu'il voulust aller, fust à tous les diables. » Le même chapitre de Brantôme nous fournit encore un passage curieux à propos du n° 3 de notre planche. En effet, d'après l'écrivain français qui dit emprunter ces détails à un livre espagnol, « l'empereur portoit en la teste *un bonnet de velours noir* (*un bonete de terciopelo negro*), sans panache ny autre garniture. » Brantôme ajoute : « Le temps passé on en usoit ainsi souvent de ces bonnets à cheval pour une parade, comme j'ay veu les escuyers de nos roys en porter quelquefois, quand ils picquoient les grands chevaux devant leurs roys : mesmes le roy Charles, je luy ai veu les porter estant jeune. Feu Mr de Guyse, ce brave dernier mort, comparut ainsi en sa parade et camp, aux noces de Mr de Joyeuse, ayant un bonnet d'escarlate en la teste; et il me dit qu'il l'avoit trouvé dans des vieux meubles de feu M^r son père, car de ce temps il s'en portoit fort en la teste, garny de force pierreries et de longs fers d'or à l'antique; ce que tout le monde trouva beau. »

Quelques lignes plus loin, Brantôme revient encore sur la coiffure de Charles-Quint, et il s'exprime en ces termes : « Ainsy donc ce grand empereur s'accommoda de ce bonnet sans porter le chapeau, qu'il n'aymoit pas tant que *una gorra ò gorrica*, que l'Espaignol appelle aussy ainsy, bonnet ou petit bonnet, voire de drap, qu'il portoit quasy ordinairement, et que de ces temps les bonnets estoient fort en usage, non comme aujourd'hui les grands fats de chapeaux que l'on porte garnis de plumes en l'air qu'une autruche ne peut fournir en chascun. »

Les figures 4, 5 et 6 de notre planche n'ont pour ainsi dire aucun besoin d'explication. Les manches représentées sous le n° 4 et qui sont en étoffe se retrouvent également en fer dans les armures au XVIe siècle (voir dans notre planche 12e, la figure numérotée 1). L'élégant manteau du n° 5 et le pourpoint n° 6, sont du temps de Philippe II. Le n° 7, n'offre rien de particulier si ce n'est qu'il rappelle la braguette dont nous avons déjà parlé à propos de certaines armures; mais il est loin d'être aussi riche que l'étaient les *chausses* de don Juan d'Autriche, « quand après sa mort, dedans Namur, il fut porté à la veue de toute l'armée, si richement vestu et armé qu'il a esté dict que ses chausses qu'on luy avoit vestu le jour de ses funérailles, valloient plus de cinq mille ducats. » (Brantôme, *grands capitaines*, Vie de M. de Bure.)

Notre n° 8 est une sorte de bottines auxquelles la plupart du temps on adaptait un soulier rond par le bout, très découvert entre la pointe et la jambe, mais soutenu sur le coudepied, comme les sabots de nos jours, par un lien fixe ou par une courroie qui se bouclait. On a voulu longtemps en Espagne que don Juan d'Autriche ait été empoisonné pour s'être servi d'une paire de bottines de ce genre, *parfumées*, selon l'expression de Brantôme; mais cela me paraît plus difficile à croire que la seconde version du même historien « que luy qui avoit tant cherché de mourir dans un champ rude de Mars, alla mourir de peste, qu'il avoit prise de madame la marquise d'Avré, dans un lict mol et tendre, comme si ce fust esté quelque mignon de Vénus. »

Au moyen âge les *bottines* s'appelaient *heuses*, *houses*, *houseaulx*. En général, elles suivaient la couleur des éperons. Elles étaient en maroquin rouge si leur maître portait l'éperon *doré*; en maroquin bleu s'il n'avait droit qu'à l'éperon *argenté*; en cuir noir pour les personnes qui n'avaient que l'éperon de fer *bronzé*. Elles furent d'abord faites de cuir. Joannes Joannensis, dans son catholicon, dit, en parlant des *heuses* : « *Oda* quoddam genus calciamenti; ab *os*, *ossis* dicitur, quod primo de coriis boum osæ factæ sunt; et quamvis nunc ex alio genere fiant, pristinum tamen nomen retinent. » Mathieu Paris en parle également à la date de 1247, seulement il en fait une chaussure exclusivement militaire (preciosissimis vestibus adornantem, calceamentis que militaribus, quæ vulgariter *heuses* dicuntur. ») Joinville en dit aussi quelques mots, témoin ce passage : « La chair des jambes nous desséchoit jusques à l'os, et le cuir nous devenoit tanné de noir et de terre, à ressemblance d'une vieille *house* qui a esté longtemps mulée derrière les cofres. »

Les femmes portèrent aussi les *heuses*, du moins à Paris, si l'on s'en rapporte au *roman de la Rose*, car Jehan de Meung, parlant de la manière dont Pygmalion habilla sa statue, dit :

N'est pas de *housiaux* estrinée,
Car ele n'est pas de Paris née.

L'*estivalet*, de l'allemand *shéfel*, ou plutôt du latin *œstivale*, était une chaussure d'été, une sorte de *bobelin* ou *escarpin*. L'*escafignon* désignait un soulier de danseur de corde. (Voir Rabelais, Pantagruel, liv. IV, ch. IX.) On fabriquait l'estivalet à Paris dans la rue de la Huchette, près Saint-Severin. « Œstivalia sunt ocreæ, seu calceamenta de corio, quibus etiam aliqui utuntur in æstate », dit un ancien vocabulaire daté de 1538; « et fiunt optima apud sanctum Severinum. »

Rabelais, dont les écrits forment une sorte d'encyclopédie et qui aime à y tracer de longues énonciations, nous donne, liv. III, ch. LI de Pantagruel, à propos de la fameuse herbe pantagruélique, le catalogue de tout ce qui composait la chaussure de son temps. « Par elle, dit-il, sont bottes, bottines, botasses, houseaulx, brodequins, souliers, escarpins, pantoufles, savattes, mises en forme et usage. » Ailleurs, liv. II, ch. XII du même ouvrage, il s'exprime ainsi sur un des genres de chaussures nommées plus haut : « Et saincte dame combien avons nous veu de groz capitaines, en plein champ de bataille, alors qu'on donnoyt des horions du pain benist de la confrairie, pour plus honnestement dodeliner, jouer du luc, sonner du cul et faire les petitz saultz en plate forme, *sur beaulx escarpins deschiquetez à barbe d'escrevisse?...* »

Enfin, puisque nous en sommes sur ce sujet, qu'on nous permette de citer ici un passage de Favin, qui, à propos de la chaussure de nos anciens roys, résume ainsi ce qu'il a vu aux églises de Saincte Genevieſve du Mont, Sainct Germain des Prez à Paris, Sainct Denys en France et autres églises de ce royaume. — « Les souliers des anciens roys des François, dit-il, estoient par dehors d'un cuir doré, ouvert dessus le pied, et noués de cordons de trois coudées de long pour en faire des rozes tout du long du soulier par dessus. La *botine* estoit de mesmes ouvrage que le soulier, dorée et diaprée à la musaïque. Dessous la botine estoit la *chaussette* de fin lin, relevée de broderie de soye faiste à l'aiguille : les botines estoient liées et lassées de jaretières et rubans de soye à force nœuds faicts en forme de croix tout du long de la botine devant et derrière et aux costez. »

Planche. XXIII. — ARMURES D'INFANTERIE ET PLUMETS.

Je ne suis pas très sûr, malgré l'intitulé de cette planche, emprunté à l'attribution de l'ancien livret de l'*Armeria real*, que ces armures, qui sont d'origine allemande, aient été uniquement des armures d'infanterie. Je crois plutôt le contraire, et je tirerais cette conclusion du faucre qu'on distingue à leur côté droit ; car le corselet qui servait exclusivement aux gens de pied, n'en portait pas. Quoi qu'il en soit, il faut remarquer la forme des casques, dont l'un est à *cola de cangrejo*, c'est-à-dire en queue d'écrevisse, selon l'expression espagnole, et l'autre en forme d'*olla*, de *baul* ou de *pot de fer* (voir ce que nous avons dit du casque en divers endroits de cet ouvrage.)

Si ces armures ont servi à des cavaliers, le pantalon collant qui les complète est néanmoins celui de l'infanterie, ainsi que la chaussure qui le termine. Seulement celle-ci est du XVe siècle, car au XVIe le soulier était rond et non pointu. Quant au haut de chausses, c'est bien celui du temps de François Ier, et il est facile à reconnaître dans la peinture suivante : « Au voyage d'Allemaigne, j'ay ouy dire que force capitaines et soldats, quand ils vouloient aller à un assaut, coupoient leurs chausses au genouil tout à l'instant, parce qu'elles estoient toutes d'une venue et attachées en haut, afin qu'ils pûssent mieux monter à l'assaut, car pour lors les bas d'estame (de fil), ny de soie n'estoient pas en usage. » (Brantôme, couronnels françois, 1er discours.)

Les plumets représentés dans notre planche sont des ornements d'infanterie. Les chevaliers portaient de longues plumes qui retombaient jusqu'au bas du dos et flottaient sur la selle. J'en pourrais citer mille exemples. Brantôme, dans la Vie de M. de Nemours (grands capitaines françois), dit : « Mr de Nemours et M^{r} le marquis don Georges Manrique de Lara coururent les deux premiers; mais le cheval de Mr de Nemours fuist toujours la lice, d'autant que M^{r} le marquis s'estoit accommodé *d'un fort grand panache à sa sallade, si couvert de papillottes que rien plus, ainsy que les plumassiers de Milan s'en font dire très bons et ingénieux maîtres;* et en avoit donné un de mesmes au chanfrain de son cheval (on disoit qu'il l'avoit fait à poste), si bien que le cheval de Mr de Nemours fut umbrageux de ces papillottes que luy donnoient aux yeux et fuyoit très poltronnement la lice et la carrière. » On lit également dans le même écrivain (Vie du duc d'Albe) : « Il se monta ce jour sur un cheval d'Espaigne tout blanc, armé tout à blanc, et de grandes et longues plumes blanches qui lui pendoient sur la salade et sur les épaules bien bas. » Enfin, à propos des reistres, Brantôme écrit encore, dans la Vie de Mr de Guyse le Grand : « J'ai ouy conter à feu Mr de Ferrare, que les reistres ne craignent gens tant qu'ils font les Turcs; si bien que dix mille chevaux turcs ne feront jamais difficulté de frotter dix mille chevaux reistres; ce que je trouve fort estrange, veu que les reistres estoient armés jusqu'aux dents et si bien en pistoletz pour l'offensive et la défensive, et les Turcs tout nuds, n'ayant pour armes que la lance, la targue et le cimeterre. C'est que ces Turcs estoient si couverts et eux et leurs chevaux *de si grandes quantités de plumes et panaches*, et allant à la charge faisoient de si grands cris et hurlemens, qu'avecques tout cela les reistres et leurs chevaux en prenoient si grand frayeur qu'ils ne pouvoient chevir (se servir) de leurs chevaux et tournoient teste en arrière. » Bien avant Brantôme, Froissard, Commines et Monstrelet parlaient aussi des grands panaches de la chevalerie : « Et estoient trois cents chevaux, dit ce dernier (vol. I, ch. LXII), entre les quels avoit XVIII chevaliers vestus de vermeil à beaux plumets pailletez d'or. » Dans Pantagruel, liv. 4, ch. 13, un des personnages, le seigneur de Bache, dit aussi : « M'amye, donnez leur mes beaulx plumails blancs avec les pampillettes d'or. » Ailleurs (liv. 1, ch. 56 du même ouvrage), Rabelais avait déjà dit : « La plume blanche pardessus, mignonement portée à paillettes d'or, au bout desquelles pendoyent en papillottes, beaulx rubis, esméraudes, etc. » Le plumet droit ne vint que plus tard. Il fut même précédé de la plume qui appartenait au costume civil. En voici un exemple. Peu de temps avant le massacre de Poissy, le duc de Guise, se rendant au lever du Roi, monté sur son genêt noir qu'on appelait le *Moret*, portait, dit Brantôme, « un pourpoint et chausses de satin cramoisy, une saye de velours noir bien bandé de mesure, comme on portoit en ce temps là, sa cappe de velours, son bonnet de velours noir *avecques une plume rouge fort bien mise* (car il *aymoit les plumes*), » etc.

Planche XXIV. — CIMETERRE, BANDEROLLES, ARQUEBUSES, PISTOLETS ET FONTES.

Les figures nos 1 et 4 de cette planche représentent deux sabres orientaux, vulgairement nommés *cimeterres* (d'après Nicod *gladius huniscus*, parce que les Huns portaient cette sorte d'arme). La plupart, et surtout les meilleurs, viennent de Damas. L'antiquité nous a conservé le souvenir de celui de Darius, dont le fourreau était couvert de perles et de pierres précieuses. Les deux nôtres ne sont point aussi riches, mais ils sont fort épais du dos, fort larges de lame et surtout fort pesants.

Les figures 2, 3 et 5 offrent une portion de banderolle et une banderolle entière. La banderolle est un petit étendard en forme de guidon, un diminutif de la *bande* que nous trouvons mentionnée de tous les temps. Ainsi, dans Athanase, on dit, à propos du retour de Léon III à Rome, qu'il revint *cum signis et bandis*, c'est-à-dire avec des drapeaux et des bannières. La banderolle, qui n'est aujourd'hui que d'usage collectif, sauf pour les lanciers, a été longtemps d'un emploi personnel ; presque tous les cavaliers en avaient une, mais c'était à titre d'ornement plutôt que d'utilité.

Notre figure 6 est un poignard également oriental ; c'est presque le *canjiar*. Nos poignards occidentaux n'avaient pas la même forme. Ils n'étaient jamais recourbés. Leur lame était droite. Brantôme, dans sa Vie de don Pedro de Toledo (*grands capitaines*), dit, en parlant du prince de Salerne qui avait épousé Marie de Toledo, qu'il finit par abandonner, qu'après sa mort, arrivée à Paris, où il laissa à peine de quoi se faire enterrer, « on fit raffle, à la cour, d'un poignard qui estoit au pauvre trespassé, fort riche et décoré de force pierreries et belles turquoises, *qui valoit plus de cinq cents escus*, et ne fut raflé que pour cent. »

Je renvoie, pour l'explication des nos 7 et 8, à la planche 24 *bis*. Quant aux objets placés sous les nos 9 et 10, ce sont des fontes ou fourreaux de cuir dans lesquels on enfermait les pistolets et qui étaient placés comme aujourd'hui sur la selle du cheval. Ils se divisaient en deux parties : — l'une pour recouvrir la crosse, — l'autre pour recevoir le canon. L'espèce de petit sac qui les accompagne contenait de la poudre, des balles, quelquefois divers ustensiles utiles au cavalier. Il y avait aussi, outre cette enveloppe, un autre fourreau en cuir flexible qu'on y enfermait avec les pistolets lorsqu'ils en étaient recouverts.

Sceau du 14e siècle ;
Cheval et cavalier harnachés.

Typ. Cosson, r. du Faub. St-Germ., 43.

Planche XXIV *bis*. — ARQUEBUSES ET PISTOLETS A MÈCHE ET A ROUE.

Je commencerai mon explication de cette planche par le n° 6 qu'il faut réunir au n° 8 de la planche précédente.

Selon tous les étymologistes, le nom de *pistolet* vient de Pistoia, ville où se serait d'abord fabriqué ce genre d'arme à feu. Fauchet, dans son ouvrage intitulé : *De la milice et des armes*, dit, en parlant des pistolets : « Cet instrument s'appela depuis *haquebutte* et maintenant a pris le nom de *harquebuse*, que ceux qui pensent le nom estre italien, luy ont donné, comme qui diroit, *arc à trou*, que les Italiens appelaient *buzo*. Et finalement ces bastons ont été réduits à un pied et moins de longueur. Et lors ils sont nommés *pistoles* et *pistolets*, pour avoir premièrement été faites à Pistoie : comme aussi ayant les escus d'Espagne esté réduits à une plus petite forme que les escus de France, ont pris le nom de *pistolets* et les plus petits pistoletz *bidets*, comme l'on appelle aussi les petits chevaux. »

Henri Estienne, dans la préface de son Traité de la conformité du langage français avec le grec, applique d'abord le nom de *pistolets* à des *poignards* faits à Pistoie ; puis plus tard il l'applique aux armes à feu. — « A Pistoie, dit-il, petite ville qui est à une bonne journée de Florence, se souloient faire de petits poignards, lesquels estans par nouveautez apportez en France, furent appelez du nom du lieu, premièrement *pistoiers*, depuis *pistoliers*, et en la fin *pistolets*. Quelque temps après, estant venue l'invention de petites harquebuses, on leur transporta le nom de ces petits poignards ; et ce pauvre mot ayant esté ainsi pourmené longtemps, à la fin encore a esté mené jusques en Espagne et en Italie pour signifier leurs petits escus, et croy qu'encore n'a-t-il pas fini ; mais que quelque matin les petits hommes s'appelleront *pistolets* et les petites femmes *pistolettes*. »

De Lanoue, dans ses *Discours militaires et politiques*, les appelle *pistoles*, et il en attribue la première apparition aux reitres. « Les reitres, dit-il, ont les premiers mis en usage les *pistoles*, que je pense estre très dangereuses quand on s'en sçait bien aider. C'est une lignée que les harquebuses ont enfantée, et (pour en dire ce qui en est) tous ces instrumens-là sont diaboliques, inventez en quelque meschante boutique pour dépeupler les royaumes et républiques de vivans et remplir les sepulchres de morts. »

Plus loin il donne aux pistolets l'avantage sur la lance, parce que « le gendarme ne se sert de sa lance que pour un coup, là où le reitre porte deux pistolets de quoy il en peut tirer six ou sept. »

A l'époque où l'on commença à se servir du pistolet, on disait *une pistoletade* pour indiquer plusieurs coups de pistolets. On disait aussi *pistoler un homme* pour dire tuer à coups de pistolets. Cette arme fut successivement à rouet, à mèche, à pierre ; elle est aujourd'hui à piston. En 1658, l'usage des pistolets à rouet n'était pas encore aboli, et la première compagnie qui les ait portés à l'arçon de la selle fut vue à l'entrée de Louis XIII à Paris, après son sacre, en octobre 1610.

Ce fut à coup de pistolet et par une balle appelée *stuarde*, du nom de son auteur, que fut tuée Anne de Montmorency. Brantôme raconte ainsi le fait : « Nous tenions à l'armée et ainsy estoit-il vray, que l'auteur de sa mort fut Stuard, gentilhomme escossois de fort bonne et grand maison, qui se mesloit de faire des balles trempées de telle composition, qu'il n'y avoit cuyrasse à preuve ny à si bonne trempe qu'il ne la perçast; et les appeloit-on des stuardes, et en faisoit présent à de ses amys huguenots. »

L'arquebuse s'appela d'abord *haquebute* ou *hacquebute*. C'est la plus ancienne des armes à feu. Elle avait à peu près la longueur du fusil ou du mousquet. Son nom vient sans doute du trou qui donnait accès au feu pour qu'il se communiquât à la poudre, témoin ce passage de l'auteur du livre intitulé *De inventoribus rerum* : — « *Arcubusius appelatur a foramine quo ignis in pulverem fistulâ contentum immittitur; nam itali busium vulgo foramen dicunt, et arcus quod instar arcus pugnantibus sit*, etc. »

Ce fut à peu près vers 1550, sous Henri II, d'après Lacurne de Sainte-Palaye, que cette arme fût introduite en France. Elle fut perfectionnée en 1554 par d'Andelot, général de l'infanterie française. On appelait *argoulets* les arquebusiers à cheval; ce mot ne tarda même pas à être pris en mauvaise part; mais il n'en fut sans doute pas ainsi des arquebusiers italiens dont il est question dans la Vie des grands capitaines comme ayant été amenés en France par le maréchal de Strozzi. Voici ce qu'en dit Brantôme :

« Et d'autant qu'aucuns magiciens tiennent que le changement de lieu change la fortune, Mr de Strozze quitta l'Italie et s'en vint en France trouver le roi au camp de Marolles avec la plus belle compagnie qui fust jamais veue, de deux cens harquebusiers à cheval les mieux montés, les mieux dorés et les mieux en poinct qu'on eust sceu voir, car il n'y en avoit nul qui n'eust deux bons chevaux qu'on nommoit alors cavallins, qui sont de légère taille, le morion doré, les manches de mailles (qu'on portoit fort de ce temps-là), la pluspart toutes dorées, ou bien la moytié, les harquebuses et fournimens de mesmes. Ils alloient souvent avecques les chevau-légers et coureurs, si qu'ils faysoient rage. Quelquefois ils s'aydoient de la picque, de la bourguignotte et corselet doré, quand il en estoit besoing; et qui plus est, c'estoient tous vieux capitaines et soldats, tout bien aguerris soubs les bandières, et ordonnances de ce grand capitaine Jannin de Médicis qui avoient quasy tous esté à luy, si que quand il falloit mettre pied à terre et combattre, n'avoient grand besoin de commandement pour les ordonner en bataille; car d'eux-mêmes s'y rangeoient si bien, pour estre si bien aguerris, qu'on n'y trouvoit rien à dire, tant bien sçavoient-ils prendre leur place. De ce nombre estoient ces braves gens, san Petro Corsa, Joan de Turin, le capitaine Moret (Calabrois), le senor Petro Paulo Tousin, le capitaine Bernardo, le capitaine Miquel da Candio, le capitaine Morin, le capitaine Jacques (Ferrarois), et tant d'autres gens de bien et d'honneur qui se sont si bien faict cognoistre en nos guerres passées.

« Le roy François, quand il vit ceste belle troupe, la loua fort et en fit grand cas à Mme la Dauphine, qui estoit cousine dudict sieur de Strozze qu'elle aymoit; et s'en cuyda pendre de joye pour voir ainsy son cousin paroistre et faire un si beau service au roy et le tout à ses propres despens. Car comme je l'ay ouy dire au dict capitaine Miquel da Candio, qui estoit un sien vieux serviteur, ceste compaignie luy cousta plus de 50,000 escus. »

Planche XXV. — BOUCLIER DIT DE SAINT-FERDINAND.

Si je ne me trompe, ce bouclier répond à celui qui est décrit dans le nouveau catalogue de l'*Armeria réal*, sous le n° 480. Il est en cuivre doré. Son centre est occupé par une pointe autour de laquelle des guerriers antiques se livrent un combat acharné.

Le champ de cette belle pièce, qui paraît de travail italien et du commencement du XVIIe siècle, est divisé en cinq parties richement ornementées ainsi que les motifs qui les séparent les unes des autres. Quatre de ces parties sont occupées par des médaillons qui représentent des sujets allégoriques; autour du bouclier, près de la bordure, on a répété l'image de saint Jacques à cheval, le cimeterre en main, poursuivant les Maures à la bataille de Clavijo.

Planche XXVI. — ARMURE A TABLIER OU TONNE ET CASQUES A MENTONNIERES.

Nous avons donné dans nos volumes précédents plusieurs casques à peu près de la forme de ceux-ci. Nous n'y reviendrons donc pas. Quant à l'armure, elle est à *tonnelet* ou à *jupons*, car les deux termes ont été employés pour la désigner, et elle fut spécialement en usage parmi les lansquenets.

Voici l'origine que Commines, livre dernier, ch. 14, donne aux lansquenets, en parlant des piétons et fantassins de son temps : « Il y en avoit d'autres que nous appelons communément *lansquenets*, qui vaut autant à dire comme *compagnons du pays*, et ceux là haïssent naturellement les Suisses. Ils sont de tous pays, comme de dessus le Rhin et du pays de Souave. Et y en a aussi du pays de Vaulx en

Senome, et du pays de Gueldres. » C'étaient, on le comprend, de terribles soldats pour l'indiscipline. « J'ai ouy dire à des capitaines, écrit Brantôme dans sa Vie du couronnel Fransberg, que les lansquenets ne sont pas trop bons renfermés dans une place, pour estre mal reiglés et fort subjects à leurs bouche. A la campaigne et aux siéges ils sont très bons et combattent bien quand ils ont été aguerris un peu. » Il paraît qu'ils furent *trop bons* au sac de Rome, après la mort du connétable de Bourbon, car ils y commirent, d'accord avec les Espagnols, d'épouvantables excès. « Jusque là que leur cruauté, dit Brantôme, ne s'estendit pas seulement sur les personnes, mais sur les marbres et antiques statues. Les lansquenets qui nouvellement estoient imbus de la nouvelle religion et les Espaignols encor aussy bien que les autres, s'habilloient en cardinaux et évesques en leurs habits pontificaux et se pourmenoient ainsy parmy la ville. Au lieu d'estaffiers faisoient marcher ces pauvres ecclésiastiques à costé ou audevant en habits de lacquais : les uns les assommoient de coups, les autres se contentoient de leur donner *dronos*; les autres se mocquoient d'eux et en tiroient des risées en les habillant en bouffons et mattassins; les uns leur levoient les queues de leurs chappes en faisant leurs processions par la ville et disant les litanies : bref, ce fut un vilain scandale. » Plus tard il y eut encore les *arquebusiers*, les *carabins*, les *mousquetaires*. Les carabins (d'où nos carabiniers), étaient des arquebusiers à cheval. Brantôme, dans sa Vie du duc d'Albe, raconte que le grand prieur don Hernand, fils bâtard du duc, en avait quatre compagnies sous ses ordres (plus, comme général de cavalerie, *quatre cens courtisannes à cheval, belles et braves comme princesses, et huict cens à pied*, bien en point aussi, » ce qui rappelle ces huit cents autres que le maréchal de Strozzi fit un jour jeter pardessus le pont de Cé pour s'en débarrasser, les regardant comme des *impedimenta*).

Planche XXVII. — ARMURE DE CHARLES-QUINT ET POIGNARD MORESQUE.

Nous avons dans notre tome IIe, planche 30, donné la partie supérieure de cette armure, d'après le croquis de Mr Irrisson. Notre habile dessinateur Mr Sensi, l'ayant ajoutée ici au reste de l'armure, nous n'avons pas cru devoir la supprimer.

Le casque de ce harnois forme une chevelure dorée et en relief; si la pièce qui lui manque se retrouvait, on aurait un véritable portrait de Charles-Quint, un héaume *à masque*, comme ceux des Chinois, dont nous avons parlé dans notre deuxième volume, page 20; seulement au lieu d'être fait pour effrayer et par conséquent d'offrir une figure terrible ou grotesque, ce portrait n'aurait que l'aspect humain. Les exemples en sont rares, mais néanmoins on en rencontre. Tel est celui du casque du seigneur d'Imbercourt, un des compagnons de Bayard, mort à Marignan en 1515 et qui existe au Musée d'artillerie de Paris.

La barbe, la bouche, les oreilles de notre casque sont dorés; la visière est formée par un rouleau de feuilles de laurier; sur la partie supérieure du gorgerin on lit gravés ces mots : « JAC. PHILIPPUS. NEGROLUS. MEDIOLEN. FACIEBAT M. DXXXII. Negrolus était, ainsi que son frère et son fils, un des armuriers les plus célèbres de son temps[1]. En conséquence il ne manquait pas de rivaux. Aussi Desiderio Colman, l'un d'eux, dans le bouclier n° 557 de l'*Armeria*, où il s'intitule *maître d'armures*, et qu'il termina en 1552, a-t-il essayé de se moquer de lui en donnant son nom, qu'il estropie (*Negrol*), à un guerrier ou chasseur après lequel s'acharnent un cerf et un taureau. Negroli florissait vers 1530.

Le devant de la cuirasse est orné d'une Vierge gravée; le dos porte une sainte Claire. De la ceinture partent deux grands cuissarts terminés par des genouillères. Les brassards sont complets et avec gantelets. Les souliers et les jambières manquent, ou peut-être, comme pour beaucoup d'armures, ces objets n'ont-ils jamais existé. Toutes les pièces de ce vêtement sont à bandes ou arêtes, gravées et dorées.

L'armure entière provient du couvent de Saint-Juste. Elle était une des 17 qu'on y trouva après la mort de Charles-Quint et dont, bien que retiré du monde, le vieil empereur aimait à s'entourer.

Planche XXVIII. — ÉPÉE DE FERDINAND LE CATHOLIQUE.

Cette arme est l'épée *à deux mains*, ou *montante* des Espagnols, par opposition à l'épée ordinaire ou épée à *une seule main*. On s'en servait déjà, d'après les mémoires *para la historia de las tropas de la casa real de España*, en 822, dans la garde personnelle d'Abderraman, conjointement avec l'écu et la masse d'armes. Depuis, surtout à partir du moment où l'emploi de la cuirasse en fer battu nécessita des épées fort pesantes et capables de faire, malgré ses armes défensives, du mal à l'ennemi ; l'usage du

[1] L'*Armeria* possède de ces derniers, sous le n° 2323, une bourguignotte ou casque ayant appartenu à Charles-Quint et daté de 1545.

montante devint plus fréquent. Nous avons donné divers exemples de ce genre d'épées dans nos deux premiers volumes et même dans celui-ci. Il y a un assez grand nombre de ces épées réellement magnifiques à l'*Armeria*. La plupart sont des présents de rois ou de papes. Je citerai seulement celles-ci : n° 1610, épée allemande envoyée à Philippe II, par le pape Clément VIII en 1593 ; — n° 1614, autre *montante* allemand, envoyé par Pie IV à Philippe II en 1562 ; — n° 1612, autre très ancien, fabriqué à Valence par un maître de Tolède ; sur la lame on voit gravé, d'un côté, un saint Christophe ; de l'autre, ces deux mots français : *qui vodra* ; — n° 1615, épée envoyée par Clément VII en 1529 à Charles-Quint ; d'un côté il y a un saint Paul, de l'autre un saint Pierre ; — n° 1617, épée envoyée par Paul III à Philippe II en 1547 ; — n° 1619, épée envoyée par Grégoire IV à Philippe III en 1590 ; cette épée est aux armes papales, etc. N'est-ce pas aussi le cas de citer ici la fameuse épée d'Alonso de Cespedès dont Perez de Hita parle en ces termes, ch. XIV, partie 2ᵉ de ses *Guerres civiles de Grenade* : — « Cespedès vendit chèrement sa vie aux Maures en combattant contre eux comme un brave. Aussi trouva-t-on autour de lui plus de cent Maures coupés en deux, depuis les épaules jusqu'à la ceinture, grâce à la force et à la puissance de son bras qui maniait une épée de Valence, la meilleure du monde, large de trois doigts et si épaisse qu'elle pesait 14 livres. J'affirme l'avoir vue à Vera, l'avoir prise dans ma main et l'avoir fait peser en ma présence. » Le pommeau seul de cette arme pesait 14 onces ; mais revenons à notre n° 28. La garde en est dorée ; les bras sont droits et se terminent en demi-lune. Le pommeau d'une forme élégante est percé de quatre trous. D'un côté de la croix formée par la garde on lit : MEMENTO MEI, O MATER DEI MEI ; de l'autre : TANTO MONTA, TANTO MONTA, devise exclusive des Rois catholiques. Ce dicton faisait allusion à l'alliance des deux couronnes de Castille et d'Aragon et voulait dire : *Autant monte Isabelle que Ferdinand*. Cette devise fut inventée, comme l'ont constaté plusieurs écrivains, et entre autres Pedro Martir de Angleria dans ses *Décades* latines, par le célèbre humaniste Antonio de Nebrija, si célèbre au XVᵉ siècle.

Le fourreau de notre épée est en soie cramoisie, aux armes de Castille, d'Aragon et de Sicile ; on y voit brodés des jougs et des faisceaux de flèches qui lui donnent un aspect très élégant.

GUERRIER A CHEVAL D'APRÈS UN SCEAU DU 14ᵉ SIÈCLE.

Typ. Cosson, r. du Four St-Germ., 43.

Planche XXIX. — BOUCLIER QU'ON CROIT AVOIR APPARTENU A CHARLES-QUINT.

Vraisemblablement d'origine romaine, ce bouclier est évidemment italien. Il est de la meilleure époque de la Renaissance et parfait sous le double rapport de la composition et de l'exécution. Ses ornements sont en relief et richement damasquinés en or.

Le sujet principal représente Alexandre-le-Grand domptant Bucéphale. Le héros est monté à cru, sans selle ni étriers. Il a jeté à terre son glaive ainsi que son bouclier, et il tient un simple bâton à la main. Le cheval s'emporte et donne à craindre que le futur maître du monde ne soit bientôt desarçonné. Les soldats et les capitaines d'Alexandre, les bras levés au ciel, montrent leur étonnement et leur terreur.

Autour de ce médaillon, qui occupe le centre du bouclier, il y en a quatre autres représentant *la chasse à l'éléphant*, *la chasse au lion*, *la chasse à l'ours*, *la chasse au taureau*. Des faisceaux d'armes, des casques, des boucliers sont jetés dans les intervalles avec d'autres ornements et séparent les médaillons.

La bordure, qui est d'une grande richesse, est semée de tambours, de cuirasses, de flèches, de morions de formes diverses. On peut rapprocher sans crainte ce beau bouclier du n° 12 de notre premier volume, dont il reproduit à peu près la disposition.

Planche XXX. — CUIRASSE DE DON JAYME-LE-CONQUÉRANT; CANONS DE SON TEMPS ET CANON INDIEN.

Nous avons dû, dans l'appellation de notre cuirasse, au bas de la planche qui la représente, respecter la tradition espagnole qui l'attribue à don Jayme-le-Conquérant; mais il est impossible qu'elle lui ait appartenu, et cela par une raison bien simple : c'est qu'on n'en portait pas de son temps. On se servait, pour se mettre à l'abri des blessures, de la cotte de mailles. Les chevaliers du temps de saint Louis n'ont jamais porté autre chose. Ce n'est que beaucoup plus tard, et encore par fragments en quelque sorte, qu'on arriva à se revêtir d'une défense en fer battu. Or, don Jayme naquit en 1208 et mourut en 1276, c'est-à-dire en plein XIIIe siècle. Il ne s'est donc pas servi de cette cuirasse; mais elle n'en est pas moins fort ancienne et des plus vieilles que contienne l'*Armeria*. Elle y fut apportée de l'île de Majorque, où elle était conservée de temps immémorial à l'hôtel de ville sous le nom de cuirasse du roi don Jayme, en 1831, époque à laquelle l'ayuntamiento de Palma en fit don au roi d'Espagne pour l'*Armeria de Madrid*. Divers autres objets, parmi lesquels l'épée à deux mains que nous avons donné dans notre tome II, planche 7, — la selle et les grelots de notre planche 2 du même volume, — le casque surmonté d'un dragon ailé qu'on voit dans notre tome I, planche 11, figures 1 et 2, ainsi que deux étriers, l'accompagnaient. On y avait joint également un *pavois* ou *targe*, en bois, recouvert d'une sorte de parchemin rouge et peint. Le milieu en est occupé par un écusson orné de grands lambrequins et d'un panache. Sur le bord de ce pavois on aperçoit une inscription circulaire grossièrement tracée en caractères inconnus; mais, malgré son antiquité relative, cette sorte de bouclier, consacré moins à combattre qu'à couvrir les travailleurs aux environs des places assiégées, est plus moderne que l'époque qu'on lui assigne. Il doit être du commencement du XVe siècle et non du temps de don Jayme.

Un mot encore sur ce prince. Fatigué des grandeurs, et donnant ainsi l'exemple à Charles-Quint, il abdiqua en faveur de son fils et résolut d'entrer dans l'ordre de Citeaux. La *Chronique* le fait s'exprimer ainsi : « *Lo qual hereter lexam em totes nostres terres, e regnes; è vestim nos lo abit de cistells, ens faem monge.* » Ce prince était d'une stature colossale, comme on a pu le vérifier il y a quelques années lorsqu'on transporta ses restes de l'abbaye de Poblet à la cathédrale de Tarragone, où ils sont encore. On assure qu'à cette époque on trouva dans le tombeau de Poblet, à côté du cadavre sur lequel on reconnut la trace de la blessure reçue au siége de Majorque, une épée à garniture d'émail. Cette arme aurait été soustraite et vendue depuis en Angleterre. J'ajouterai qu'on connaît encore une autre épée de don Jayme; c'est celle qui est conservée à Valence et qui ne voit le jour qu'une fois tous les cent ans, lorsqu'on la montre avec grand appareil dans la cérémonie dite *funcion del centenar*.

Les deux tubes scellés à deux morceaux de bois qui sont placés dans notre planche 30, entre le canon indien double et la cuirasse, viennent également de Majorque et en ont été apportés, comme provenant de don Jayme, avec les autres objets, mais je ne crois pas à cette origine malgré leur très visible ancienneté. En effet, le *canon à main* ne remonte pas au XIIIe siècle. S'il en était ainsi, les écrivains des croisades qui nous ont décrit longuement le feu grégeois et ses ravages, nous en auraient parlé. J'admets volontiers qu'avant l'usage de l'artillerie proprement dite, on ait pu remplir d'une poudre grossière ou même de soufre mélangé à d'autres matières capables de projection et d'explosion, des tubes du genre de ceux qui nous occupent, dont on dirigeait ensuite l'ouverture vers l'ennemi, ou qu'on lançait à la main pour faire explosion au milieu de ses troupes, comme on fait encore aujourd'hui des grenades; mais cet usage, s'il a existé, n'a pu être qu'une exception. L'emploi d'une pareille arme (*arme perdue* par excellence) eût été trop coûteux pour un temps où l'on était d'ailleurs mal outillé.

J'aime mieux croire que ces informes essais d'artillerie *à main*, — que ces premiers *fusils de rempart* (si on peut les appeler ainsi) étaient desservis par des cavaliers qui les portaient suspendus au col, et que pour les faire partir on était obligé de les appuyer sur une fourchette de fer attachée à l'arçon de la selle, à peu près comme aujourd'hui l'artillerie de montagne des Turcs et des Circassiens, qui marche à dos de cheval ou de chameau. Toutefois, chez ces peuples, les armes dont nous parlons sont scellées à la fourchette; elles sont très courtes et tournent sur un pivot qui permet de les diriger du côté où l'on veut. Au reste, les tubes dont nous venons de définir l'usage n'étaient en quelque sorte que les premiers tuyaux de ce qu'on appela l'*orgue*, sorte de machine dans le genre de celle de *Fieschi*, employée par Pedro Navarro à la bataille de Ravennes et dont se moqua tant Gaston de Foix avant qu'elle lui coûtât ses meilleurs soldats. On s'en servait aussi pour la défense des brèches dans les places assiégées, en la montant sur un affût. Quelquefois elle donna lieu au stratagème de l'*âne arquebuse*, c'est-à-dire qu'on plaçait tout simplement cette machine sur un âne en la recouvrant d'une toile. L'ennemi, croyant avoir à faire à du bagage, s'approchait pour s'en emparer. On enlevait alors la toile et on faisait sur lui une décharge plus ou moins meurtrière.

Le n° 4 de notre planche représente deux de ces canons nommés *jumeaux* ou *jumelles*, dont on fit usage en Espagne depuis la fin du XVe siècle. C'est une modification de ce qu'on appelait *lombardes*, *courtines*, *serpentines* et autres pièces du commencement de l'artillerie. Comme ils sont très richement ornés, on les a longtemps appelés à Madrid *canons indiens;* mais leur travail n'a absolument rien d'oriental. Ils sont de fabrique flamande ; et à cause des deux gueules dentelées qui les terminent, on leur donnait aussi le nom de *dragons*. Cette dénomination accidentelle correspondait d'ailleurs à celles des *fauconneaux*, *ribodequins*, et en espagnol *lasdones*, *sacres* (termes qui n'ont pas de synonymes en français), qu'on appliquait dans ce temps-là aux pièces de petit calibre.

Nos *jumeaux* ont une culasse de huit pouces de long sur un peu plus de quatre en largeur. Leur calibre est d'un pouce et deux lignes. Une charmante arête ciselée règne dans toute leur longueur. On croit que cette pièce appartenait au train d'artillerie de la division allemande que Charles-Quint amena avec lui à Santander le 16 juillet 1522.

Planche XXXI. — BANNIÈRE DITE DE LA VIERGE ET DE SAINT JACQUES.

Cette bannière représente, d'après la tradition espagnole, saint Jacques de Compostelle à cheval, l'épée à la main, qui taille en pièces les infidèles. La Vierge, foulant aux pieds le croissant et tenant dans ses bras l'enfant Jésus, semble s'avancer vers l'apôtre de l'Espagne pour le féliciter.

On peut voir dans notre premier volume, pages 3, 13, 17, et dans notre tome deuxième, page 6, ce que nous avons écrit des drapeaux, bannières et étendarts.

Planche XXXII. — ARMURE DITE A TONNE.

Dans le nouveau catalogue de l'*Armeria real*, on donne pour maître à cette armure Charles-Quint. Rien ne prouve l'exactitude de cette assertion; mais la richesse de cette pièce et la perfection avec laquelle en sont exécutés les ornements, ne s'opposent pas à cette haute attribution. Je la crois d'un travail italien (de Milan ou de Turin probablement).

Avec ce genre de *cotte d'armes*, il était difficile de monter à cheval; c'était plutôt une arme de piéton; mais il n'est pas rare de voir des *tonnelets* (il y en a notamment aux Musées de Turin et de Dresde) qui sont dégagés par devant et par derrière, en forme de demi-cercle, de manière à ce que l'on puisse en user sans inconvénient dans la cavalerie. Si l'on voulait se servir de cette arme pour combattre à pied seulement, on n'avait qu'à ajouter les pièces supprimées momentanément et elle reprenait alors la forme qu'elle a dans notre planche, c'est-à-dire qu'elle protégait complétement le corps jusqu'aux genoux.

Nous avons dit plus haut (planche 26) qu'elle fut spécialement en usage parmi les lansquenets, et nous avons donné quelques détails sur ces troupes. On nous pardonnera d'y ajouter ici quelques renseignements sur la composition des armées au moyen âge.

Ce fut à cette époque jusqu'à ce que François Ier eût introduit dans nos troupes des légions régulières, une bizare chose que la composition d'une armée. Il y avait des *bideaux*, des *brigands*, des *aventuriers*, des *reistres*, des *lansquenets*, des *carabins*, des *volontaires*. Brantôme nous dit en parlant de ces derniers : « En ces temps là (durant les guerres d'Italie) l'on tenoit pour un grand cas de s'estre trouvé en une bataille, et y couroit-on comme à un jubilé, l'un pour gaigner le salut de son âme et l'autre pour gaigner l'honneur de chevallerie, et faire appeler sa femme *madame*. »

Les *brigands* étaient des gens de pied, probablement indisciplinés. Les *bideaux* ne valaient pas mieux. Les *ribauds* étaient quelquefois si pauvres qu'ils n'avaient pas de quoi se faire des écharpes. En effet, à la bataille de Mons-en-Puelle, Philippe-le-Bel ayant ordonné que, pour se distinguer des ennemis, chacun se revêtit d'une écharpe blanche, les pauvres ribauds furent obligés de déchirer leurs chemises. En 1525, les lansquenets n'avaient pas même ce premier ou ce dernier avantage. Le marquis de Pescaire ayant ordonné que dans une attaque de nuit, afin qu'on se reconnût, chaque soldat mît sa chemise par dessus ses armes, Paul Jove raconte que les troupes, pour obéir à l'ordonnance, furent obligées de s'en fabriquer *avec du papier blanc*.

Napoléon III, dans son Histoire de l'artillerie, raconte en parlant d'une époque antérieure à celle que je viens de citer, que « la plus grande partie de l'infanterie des communes et les ribauds *n'étaient vêtus que de jupes* qui étaient souvent tellement en guenilles qu'elles semblaient *avoir été déchirées par les chiens*. »

Les aventuriers (ceux à qui Rabelais, dans les légions fantastiques qu'il invente, donne pour chef tantôt *Grippemenaud*, tantôt le seigneur *Trapelle*), étaient une ancienne milice dont le nom dit assez la composition. « Par ces aventuriers de guerre, écrit Brantôme dans son Discours sur les colonels de l'infanterie française, on entendoit les fantassins : c'étoient des gens habillés à la pandarde, comme on disoit; c'est-à-dire malpropremeṅt, portant des chemises à longues et grandes manches, qui leur duroient plus de deux ou trois mois sans changer, monstrant leurs poitrines velues et pelues et tout découvertes, les chausses bigarrées et balafrées, usant de ces mots; et la plupart monstroient la chair de la cuisse, voire des fesses. D'autres plus propres avoient du taffetas en si grande quantité, qu'ils les doubloient et appeloient chausses bouffantes; mais il falloit que la plupart monstrassent les jambes nues, une ou deux, et portassent leurs bas deschaussez, pendant à la ceinture. Encore aujourd'hui les Espagnols usent de ce mot *avanturero*; mais ils ne sont pas soldats gagez ny soudoyez, mais qui y vont pour leur plaisir, soit soldats ou gentilhommes. »

Avant Louis XII, c'est-à-dire sous Louis XI (voir Monstrelet), on appelait même ces fantasins *laquais* ou *allaquais*.

On comprend que de pareilles armées devaient aimer singulièrement le pillage. C'est ce qui a fait dire à de Lanoue dans ses Discours militaires : « Encore que nos desordres nous aprestent à rire, si est-ce qu'il y a bien plus d'occasion d'en plorer, voyant un si grand nombre de ceux qui manient les armes mériter par leurs mauvais comportements de porter plus tôt le nom de *brigands* que de *soldats*. » Ailleurs il dit encore : « De cette conjonction illégitime s'ensuyvit la procuration de madamoiselle la *Picorée*, qui depuis est si bien accréue en dignité qu'on l'appelle maintenant madame. Et si la guerre civile continue encore, je ne doute point qu'elle ne deviene *princesse*. »

Les arquebusiers à pied étaient alors fort estimés, et la victoire de Pavie, que leur dût Charles-Quint, ne contribua pas peu à les mettre en honneur. Ils n'étaient là que 1,500; mais par les ordres du marquis de Pescaire, ils se jetèrent par petits groupes dans la mêlée, s'arrêtant, se débattant, se reformant et tirant sur le gros de la cavalerie française qui, surprise de cette nouvelle manière de combattre, ne savait auquel entendre, ni de quel côté se diriger. « Cette confuse et nouvelle forme de combat, dit Brantôme, se peut imaginer et représenter mieux que descrire, et qui l'imaginera, bien la trouvera belle et utile; mais il faut que ce soient des hardis harquebusiers, très bons et triés sur le volet (comme on dit), et surtout bien conduits. Sur quoy j'en fis un jour ce conte à ce grand feu Mr de Guyse dernier, qui le trouva très beau et bon; et se mettant en discours avecques moy, me faisant cet honneur, me dict qu'il y songeoit fort, et que c'estoit un vray moyen pour attraper et desfaire un bataillon de cinq ou six mille Suysses, qui font tant des mauvais, des braves et des invincibles, quand ils sont serrés dans leur gros. Et me dict que pour bien pratiquer cet exemple que je viens alléguer sur cette bataille, il voudroit avoir 1,500 jeunes soldats, pratiqués un peu partout, Basques, Biscains, Provençaux, Biarnois, Gascons, Espaignols, bien légers de viande et de graisse, maigrelins, dispôts et bien ingambes, et qui volassent des pieds (comme l'on dit); point de mousquets sur eux, sinon de bonnes arquebuses de Milan pas trop renforcées pour la pesanteur; mais assez modérement et de beau calibre, de bonne trempe pour ne crever; car il vouloit surtout que la poudre fust bonne et fine pour tirer d'assez loing et faire bonne faucée; surtout aussi point d'espées au costé de peur d'un embarras, empeschant la légèreté; mais au lieu d'espées, de grandes dagasses au costé comme j'ay veu d'autres fois nos enfants perdus en porter.... Et puis tous ces gentils fantassins despartis en quatre ou cinq bonnes bandes ou quelquefois par escadres, on verroit l'eschet après que ces gens feroient sur ces gros.... Et lorsqu'on les voudroit charger et assaillir, faudroit que ces gentils harquebusiers se retirassent à mode des Arabes qui sont en telles factions très importuns et fascheux. Par telle sorte, me disoit mon dict sieur de Guyse, auroit-il raison de ces grands et gros battaillons de Suysses, qu'il perseroit a jour et larderoit d'harquebusades comme canards. »

Les mousquetaires ont été créés à peu près dans le même temps que les arquebusiers. Ce fut le duc d'Albe qui, le premier, dans sa guerre contre les *gueux* de Flandre, arma ses soldats de mousquets. « Le roy son maistre, dit le sire de Bourdeilles, l'y envoya comme son lieutenant, non avec un grand nombre ny multitude confuse de gens de guerre; mais se chargea seulement d'une petite et gentille troupe de braves et vaillans soldats bien choisy des *terces* (régiments) de Lombardie, de Naples, de Sicile, de Sardaigne, et d'une partie de celui de la Golette, montant le tout à dix mille hommes de pied, tous vieux et aguerrys soldats, tant bien en poinct d'habillement et d'armes, *la plupart dorées et l'autre gravées, qu'on les prenoit plustost pour capitaines que soldats*; ce fut lui qui le premier leur donna en main les gros mousquets, que l'on veid les premiers en guerre et parmi les compaignies; et n'en avons point veu encor parmy leurs bandes lorsque nous allâmes pour le secours de Malte.

Plus tard il y eut encore les *arquebusiers*, les *carabins*, les *mousquetaires*. Les carabins (d'où nos carabiniers), étaient des arquebusiers à cheval. Brantôme, dans sa Vie du duc d'Albe, raconte que le grand prieur don Hernand, fils bâtard du duc, en avait quatre compagnies sous ses ordres (plus, comme général de cavalerie, « quatre cens courtisanes à cheval, belles et braves comme princesses, et huit cens à pied bien en poinct aussi; » ce qui rappelle ces huit cents autres que le maréchal de Strozzi fit un jour jeter pardessus le pont de Cé pour s'en débarrasser, les regardant comme des *impedimenta*.

UN REPAS AU MOYEN AGE.

Typ. Cosson et Comp., r. du Four St-Germ., 47.

Planche XXXIII. — ARMURE D'ACIER TOUTE DAMASQUINÉE EN OR.

D'après les anciens inventaires de l'*Armeria*, cette armure appartenait à don Pedro Alvarès de Toledo, Osorio y Colona, marquis de Villafranca, duc de Fernandina y Montalban, seigneur de Cabrera y Riveras, commandeur de Valderricote. L'*Armeria* possède un de ses étendards en damas rouge représentant d'un côté la Vierge et Jésus au-dessus de l'écusson de Villafranca; de l'autre un guerrier à cheval avec l'épée et la croix de saint Jacques. Au-dessous l'écusson des Villafranca se reproduit.

Don Pedro Alvarès servit dans les guerres de Flandre avec deux compagnies levées à ses frais. Il fut blessé au siége de Maëstrick. Plus tard, il le fut encore en Portugal, à la bataille de Pedro Estroci. Il passa de là à Terceire, qu'il fut chargé de réduire. En 1584, il fut nommé général des galères de Naples, et, en 1598, de celles d'Espagne. Ce fut lui qui, en 1609, présida à l'expulsion des Morisques de Valence. En 1615, il reçut la charge de gouverneur et de capitaine général des États de Milan, de Piémont et de Lombardie. Depuis, il fut encore vice-roi de Naples.

Le casque de Pedro Alvarès est un bassinet conique, assez semblable comme forme aux capelines arabes, mais infiniment moins gracieux d'en haut. Il s'attachait sous le menton à l'aide de jugulaires et ne défendait pas la figure qui restait libre. La cuirasse est de forme élégante ainsi que les épaulières, qui sont mobiles et s'adaptent par-dessus les brassards. Les ornements de ces derniers sont composés de bandes horizontales allant de droite à gauche. La cuirasse est d'un dessin harmonieux et fin, soigneusement damasquiné en or comme le reste. Celui des avant-bras est d'une légèreté charmante. Il n'y a pas de gantelets. Sur une des pièces de cette armure, on voit les initiales D. P. T., qui sont sans doute celles du nom de l'armurier.

Planche XXXIV. — CAPELINES ET ÉTRIERS DE FERDINAND LE CATHOLIQUE.

Le n° 1 est une sorte de casque conique ou capeline dans le genre mauresque, gravé d'une manière ravissante. Sa forme est entièrement semblable, moins la couronne qui borde sa partie inférieure, à celle de notre planche 19. Elle n'a pas non plus les inscriptions qui la couvrent. Je la croirais plutôt de Ferdinand le Catholique que de Philippe II, malgré le catalogue de l'*Armeria*. Ce qui me fait penser ainsi, c'est l'aspect tout à fait oriental de son ornementation. Je ne crois pas non plus qu'elle appartienne à l'armure équestre, n° 4 de notre premier volume, avec laquelle elle n'a d'autre rapport que celui d'être supérieurement gravée.

Nos 2 et 3. Casque, chapeau ou barrette en fer. Le dessus en est très finement gravé et forme un feuillage capricieux et touffu. Son bord est relevé, et de dessous on voit sortir comme une sorte d'aile ou de cocarde composée de trois rayons, qui se dresse jusqu'à son sommet à angles aigus. Le bord lui-même de cette singulière coiffure est gravé et rempli d'animaux fantastiques.

N° 4. Le catalogue de l'*Armeria* ne dit pas de qui sont ces magnifiques étriers. Je les croirais plus volontiers cette fois de Philippe II que de tout autre, car ils sont d'un goût parfait qui sent l'art de la belle époque. Leur disposition, leurs ornements, les faisceaux d'armes qu'on voit dans leur partie supérieure, la distinction des personnages eux-mêmes qui les occupent, tout indique qu'ils sont sortis, comme composition et comme exécution, de la main de grands artistes. Intérieurement ils sont damasquinés en or; extérieurement, ils sont en relief. Les lecteurs me pardonneront de placer ici un souvenir qui me revient sur un étrier à l'usage des dames. Brantôme, dans sa Vie de Mr de Salvoyson (grands capitaines français), dit quelque part : « Dans la prise du chasteau de Versel, fut butiné ce beau et riche cabinet de Mr de Savoye. Mr de Brissac eut pour sa belle part, ceste belle et rare corne de licorne : aucuns disent qu'il eut aussy le beau et riche *escoffion* (sorte de coeffe) de la duchesse, tout garny de grosses perles et pierreries; mais aucuns disent que ce fut Mr de Salvoyson, comme la raison le vouloit, puisqu'il avoit conduict l'œuvre, et qu'il eût aussy *une planchette d'or qui estoit à l'acquenée de la duchesse quand elle chevauchoit dessus.* »

Planche XXXV. — ÉPÉE DE CHARLES-QUINT ET POIGNARD MAURESQUE.

Le catalogue actuel de l'*Armeria* désigne, avec raison, cette arme comme une épée de Philippe II. Tout au moins n'est-elle pas de Charles-Quint; car la date de 1567, qu'on voit ici sur la lame, tranche la question. Dans notre Ier vol., page 3, à propos de la garde et du pommeau que nous en donnions, planche 4 du même volume, nous avions laissé incertaine la question de provenance, parce que nous n'avions pas alors sous nos yeux les détails qui se trouvent dans notre planche actuelle; mais Charles-Quint étant mort en 1558, il est évident que notre épée, exécutée neuf ans plus tard, n'a pu être exécutée pour lui. Outre la date de 1567, on lit encore sur la lame, d'un côté : « *Lupus Aguado en san Clemente* »; de l'autre : « *Gregorio de Arrieta; in dño confido.*

La longueur de cette épée est de deux pieds, dix pouces, six lignes.

Les figures 4, 5 et 6 sont des fragments de *poignards mauresques*, dit notre dessinateur, de *krytes malais*, disent les rédacteurs de l'ancien catalogue de *la Armeria.* Leur origine, selon ceux du nouveau, qui me paraissent avoir raison, est la même que celle de l'armure donnée par nous, tom. II, pl. 23, et que les *rondaches* de notre supplément page 9; c'est-à-dire qu'ils proviennent d'un présent fait par l'empereur de la Chine à Philippe II. Comme la plupart des armes indiennes, ils sont à deux tranchants, et les blessures qu'ils produisaient étaient fort dangereuses.

Planche XXXVI. — MORIONS ET BIDONS.

Le genre de casque que représente notre planche a porté bien des noms et a affecté bien des formes et des ornementations différentes. On l'a successivement appelé *cabasset*, *morion*, *armet*, *salade*, *bourguignotte*, etc. Il servait spécialement aux gens de pied comme plus léger et plus commode que le héaume; il est celui de tous les casques des époques anciennes qui a duré le plus longtemps, car ce n'est guère que vers la fin du XVIIe siècle qu'on l'abandonna. Il fut fort en vogue sous Henri IV et sous Louis XIII, après avoir été délaissé néanmoins pendant quelques années. Les trois exemples que nous en donnons sont du plus beau galbe. Le n° 1 est richement ornementé et porte par derrière une espèce d'écusson où l'on gravait quelquefois les armes du propriétaire. Sa partie intérieure est garnie de roseaux d'un bel effet. Le n° 2 nous offre, gravés dans de capricieux petits cadres formés par des sirènes, les travaux d'Hercule. Au lieu de rosaces, il est garni à sa partie inférieure d'une rangée de pointes faisant ornement plutôt que défense, et ses jugulaires sont ornées de clous dorés. Il fait partie de l'armure de don Juan de Escovedo, rangée à l'*Armeria*, sous le n° 2434. Tous les personnages et les ornements en sont gravés. — Juan de Escovedo était secrétaire de don Juan d'Autriche qui succédait, en Flandre au terrible duc d'Albe. Envoyé par lui à Madrid pour demander qu'on lui donnât les moyens de combattre le prince d'Orange, il y fut assassiné la nuit du mardi de Pâques 15 7

L'*Armeria* possède, ainsi que nous l'avons dit plus haut, de nombreux objets pris sur *Bigotillos*, tels que cornes et poires à poudre, ceinture de cuir avec broderie, un collier d'esclave garni de pointes de fer à l'intérieur, des bourses arabes en peau, bordées de soie de diverses couleurs, et portant la même inscription que l'adargue de fer placée sous le n° 532, c'est-à-dire cette sorte d'invocation ou de souhait arabe : — *Félicité, prospérité et réalisation des espérances*, — des burnous blancs, un turban d'étoffe jaune et de velours garni de gaze blanche, etc. Parmi ces objets, il y a trois petits barils pour mettre la poudre. Celui que nous donnons dans notre planche 36 est le plus élégant. Il est réduit au tiers de l'original dans le dessin de Mr Sensi.

Planche XXXVII. — BANNIÈRES DE LÉPANTE.

Il y a à l'*Armeria de Madrid* un grand nombre de drapeaux, tant espagnols que pris sur l'ennemi. Parmi ces derniers, on en trouve cinq provenant de la guerre de Succession, soutenue par Marie-Thérèse contre la Bavière, la Saxe, la Prusse, la France et l'Espagne, après la mort de Charles VI, son père, en 1740; — trois pris sur les Anglais, sous Charles III, dans les campagnes d'Amérique; — deux sardes, un persan, deux autrichiens provenant, l'un de la guerre qui suivit la mort de Charles II et sur lequel on lit brodés plusieurs mots grecs; l'autre, sur lequel on lit une légende latine, etc. — Parmi les premiers, il y a l'ancien drapeau du régiment d'Avila; — un drapeau aux quatre angles duquel on voit les deux mondes, les colonnes d'Hercule et le fameux *plus ultra;* — le drapeau de l'ancien régiment provincial de Séville avec la croix de saint André; plus saint Ferdinand entre saint Isidore et saint Léandre, entourés tous trois de cette devise : *Sevilla murada de torres y muros altos. El rey santo me ganó con Garci Perez de Vargas;* — le drapeau du régiment d'Ecija pendant la guerre de l'Indépendance, et celui du régiment d'Orihuelo; — les drapeaux ou bannières provenant de la bataille de Lépante. Les uns sont turcs et contiennent des croissants avec des étoiles; les autres sont espagnols et nous offrent, soit l'écusson royal aux armes d'Espagne, soit la Vierge écrasant la tête du serpent, soit le Christ en croix, soit, comme celui du n° 2039 de l'*Armeria*, d'un côté une Vierge peinte à l'huile, de l'autre saint Martin partageant son manteau; soit enfin comme celui du n° 2038, un Tabernacle soutenu par deux anges formant les armes de Galice. Ces débris précieux d'une grande journée, qui tous ont contribué à un grand fait d'armes, sont parfaitement conservés.

Garci Perez, qui est cité sur un de ceux que nous avons désignés sans en donner le dessin, est un des héros légendaires de l'Espagne. Comme les preux carlovingiens, il a son cycle et son épopée. L'histoire a raconté ses exploits et la romance les a chantés. On en trouve deux, l'une dans *los Adiciones a los Anales de Sevilla,* par Zuuiga; et l'autre, qui date de plus de 300 ans, dans la *Nobleza de Andalucia,* par Argote. Ses hauts faits étaient encore relatés dans une inscription latine placée sur une des portes de Séville. Voici la traduction qu'on en fit en vers espagnols :

Hércules me edificó;
Julio Cesar me cercó
De muros y torres altas,
Y el rey santo me ganó
Con Garci Perez de Vargas.

Enfin, dans les romances moresques, la belle Zaïda, furieuse contre le maure Gazul, qui, par jalousie, avait donné la mort à son époux Abenzaïde, la nuit même de leurs noces, lance contre lui l'imprécation suivante :

« Ruego à Ala que de esta empresa,
Recibas pronto la paga,
Y que en medio del camino,
Quando tu a Sidonia vayas,
Encuentras, aun que sea solo,
A Garci Perez de Vargas. »

Planche XXXVIII. — ARMURE, BARETTE, MORION ET SALADES.

Le n° 1 est une armure du XVe siècle, des plus simples et néanmoins élégante; le casque est à ventail garnis de trous. Elle est remarquable par les deux espèces de rondelles qui protégent les brassards, et parent à ce qu'on appelait le défaut de la cuirasse. Elle est garnie de son *arrêt* ou faucre et ornée d'une énorme braguette dont l'usage, peu décent, fut de courte durée. Les gantelets sont en cuir garni de plaques de métal, et la chaussure en peau avec des *crevés,* sorte de fissure qu'on pratiquait aussi à la manche des vêtements.

N°s 2 et 3. Ces deux casques, d'un aspect assez fantastique et pareil à ceux des gravures allemandes des tournois de Maximilien, rappellent un peu, par leur partie supérieure, le casque du roi don Jayme le Conquérant, que nous avons donné planche 11 de notre premier volume, et le casque n° 1 de notre planche 25 du tome deuxième. Chacun d'eux, en effet, est formé d'un animal chimérique, ou, pour mieux dire, d'un énorme dauphin représenté la gueule ouverte. Le premier est à jugulaires figurant des écailles; le n 2, qui est à gorgerin et à ventail, ferme ce dernier au moyen d'un petit crochet. A sa partie postérieure on voit un *porte plumet* ou *porte lambrequin.* Le derrière de la tête se termine par un dauphin de petite dimension servant d'arête. Ces deux casques sont assez curieusement ornementés.

Les n°s 4, 5, 7, sont entièrement différents comme aspect et ressemblent beaucoup plus aux *salades* proprement dites ou *bourguignottes*. Le n° 4 est très simple et presque sans ornements; ses jugulaires sont très larges afin de pouvoir servir aussi d'oreillères. Le n° 5 a pour ventail trois simples barres de fer à la façon des anciens casques normands. Son porte panache est tout à fait à son sommet, sur la crête. Il a quelques ornementations.

Le n° 7 ressemble plus que tous les autres à la coiffure réservée aux piétons; s'il avait les bords relevés, il serait tout à fait ce qu'on nommait *casque à bateaux*. Le n° 6 est une sorte de bonnet ecclésiastique en fer également. Il est curieux par sa forme. On prétend qu'il a appartenu au cardinal Ximenez.

ARCHITECTURE ESPAGNOLE DU XVe SIÈCLE.
Entrée de ville.

Typ. Cosson et Comp., r. du Four St-Germ., 43.

Planche XXXIX. — ARBALÈTES, ROUETS ET CROCS.

DANS l'*Armeria* on voit un assez grand nombre d'arbalètes (la plupart très belles) et d'objets à leur usage, tels que *cranequins* ou *crocs* pour les armer, *roues, moulinets, gaffes, crochets*, etc. Toutes ou presque toutes sont dues à des ouvriers espagnols d'une grande habileté, et leurs *nerfs* en acier sortent de la fameuse fabrique de Mondragon. Elles sont en partie munies de leurs dards ou flèches.

A quelques-unes il manque certaines pièces ; par exemple celles qui sont rangées sous les nos 65 et 84 de l'*Armeria* n'ont point l'anneau ou étrier qui servait à mettre le pied pour les bander. D'autres sont formées d'un travail en marqueterie (no 598 de l'*Armeria*) et de l'aigle impérial. Les unes portent leur date (No 600 ; elle est de 1536) ; d'autres la marque ou le nom du fabricant. Ainsi, le no 17 porte sur la détente un T et le nom de *C. de la Fuente* ; le no 84 offre en outre, sur sa garniture en fer, celui de *Secretario Navarro*. Il y en a qui ont une légende ou un verset de l'Écriture-Sainte. Le no 605, dont la détente est d'Alonzo Lwiela et le reste de Joan Blanco, a reçu cette inscription : *Arcum conferet et confriget arma* ; le no 613, qui est de 1552 et de Joan Blanco, a pour légende ces mots : « *Vox quidem Jacob, manus autem Esaü*. » Il y en a qui offrent le nom de leur propriétaire. Ainsi le no 616, dont la détente est de Juan Hernandez, le reste de Joan Blanco et qui date de 1551, porte gravé le nom du *marquis d'Alcanices* ; le no 628 est marqué au nom de *don Louis Sarmiento, comte de Rivadavia* ; le no 633 est à celui de *don Antonio, comte de Nyeva*. Il y en a qui offrent des chasses, comme le no 623, où l'on voit un chasseur attendant l'épieu à la main un sanglier. Le 644, qui a appartenu à Philippe II et qui est à l'écu royal avec ornements d'or et d'argent, montre également des chasseurs, des chiens, des cerfs. Il a de plus cette devise : *Nec spe, nec metu*. Je signalerai encore la magnifique arbalète du duc d'Albe, dont le fust n'était en quelque sorte qu'une mosaïque d'or ; l'arbalète de Philippe V, datée de 1731, dont la garniture est en forme de joug, ornementée d'argent et aux armes royales ; enfin celle de Ferdinand VI, fils de Philippe V, datée de 1748.

Le no 1 de notre planche 39 est l'arbalète de Charles-Quint placée à l'*Armeria* sous le no 62. Elle vient du couvent de Saint-Just, où elle fut trouvée, après la mort de l'empereur, parmi les objets qu'il avait autour de lui. Sa *verge* ou *nervure* (l'arc enfin), n'est ni de fer ni d'acier comme dans quelques autres ; mais en bois qui a éclaté en plusieurs endroits ; un parchemin doré la recouvre dans presque toute sa longueur. On y voit l'écusson impérial tenu et supporté par deux griffons. — Le no 2 de notre planche est richement travaillé dans toute sa longueur. Il porte différentes marques formées d'initiales ; sa date est de 1549, et, comme la pièce précédente, il est à l'écusson impérial. — Les nos 4 et 8 sont deux cranequins proprement dits servant à courber l'arbalète ; on les posait à terre comme un cric ; ils agissaient en sens opposé et bandaient l'arc. Ils figurent à l'*Armeria* sous les nos 65 et 84. — Le no 6 est une *gaffe* de forme particulière servant au même usage, mais présentant moins de force et plus fatigante pour l'homme. Elle est sous le no 892 à l'*Armeria*. Le no 3 est composé de deux pièces, l'une qui représente l'agencement intérieur de l'arbalète et le ressort qui fait mouvoir la clef de l'arme ; l'autre est ce qu'on appelait, à proprement parler en espagnol, *armatoste* ou tour à deux poignées (*torno de dos manijas*). Le no 7 est une pièce dont je ne devine pas l'usage.

Outre le *cranequin*, l'*armatoste* et la *gaffe*, il y avait encore, pour armer l'arbalète, un autre instrument ou pour mieux dire un autre moyen. Quand il voulait bander son arc, l'arbalétrier l'appuyait à terre par le bout supérieur ; il passait son pied dans l'*anneau* ou *étrier* à ce réservé, puis il se penchait. Saisissant alors avec son crochet la corde de l'arbalète il se redressait avec force, et la corde venait se placer dans la coche destinée à la retenir. C'était ce qu'on appelait *armer à ceinture*. Ce procédé n'était pas à ce qu'il paraît très-facile, car on lit dans la Chronique de don Pedro Niño, part. II, ch. IV : « Et en outre il fut ordonné qu'on recherchât les meilleurs arbalétriers, armeurs et poin- » teurs, et qu'ils fussent mis à l'épreuve d'armer à ceinture. »

Au reste, pour tout ce qui concerne la construction et le maniement de cette sorte d'arme, on peut voir l'ouvrage d'Alonzo de Espinar intitulé : *Arte de Ballestéria*. Une lettre-patente de Charles IX nous fait connaître que ce fut vers 1566 qu'on commença en France à abandonner sérieusement l'arbalète. En effet, cet acte ordonne qu'à l'avenir les trois compagnies d'archers de la ville de Paris seront toutes armées d'arquebuses, « attendu qu'à présent les arcs et arbalestes ne sont en usage de défense. » On peut voir, pour plus amples renseignements, le Recueil des Chartes, créations et confirmations des colonels, capitaines, majors, officiers, arbalétriers, archers, arquebusiers et fusiliers de la ville de Paris, par Mr Hay, colonel desdits gardes. Paris, 1770, in-4° ; — le mémoire sur les *Corporations*, t. III, du moyen âge et de la Renaissance ; — la notice avec chartes, sur les « Anciennes sociétés d'arbalétriers de la ville de Mons, » publiée par la société des sciences, des arts et des lettres de Hainault, in-8, 1830 ; — enfin les *Recherches sur les archers, arbalétriers et arquebusiers de France*, par M. Boilleau, conservateur du cabinet archéologique de Touraine, in-8, Tours, 1848.

En dehors de ces ouvrages ou opuscules, il serait facile de récolter un assez grand nombre de documents qui permettraient de tracer l'histoire de l'arc et de l'arbalète dans notre pays.

Il est probable que la première de ces deux armes fut maniée par nos pères, dès l'origine, de la même façon qu'elle l'était par les Crétois et les Arabes qui formaient les *sagittarii* des Romains. Ces soldats portaient des arcs fort longs, dont la corde était faite de boyaux tordus. Pour la saisir et la lâcher, ainsi que pour y fixer l'encoche de la flèche, sans s'exposer à avoir les ongles arrachés ou le pouce meurtri, les légionnaires usaient d'une sorte de doigtier de bronze, à trois griffes, entre lesquelles la corde était pincée. Les traits qu'elle lançait étaient barbelés à triples dents, afin de déchirer les chairs lorsqu'il s'agirait d'extraire une flèche de la blessure qu'elle avait faite. Le fer variait d'un à deux pouces de longueur et avait à peu près la forme d'une fleur de lys à laquelle manqueraient les deux ailes. Sa portée ordinaire pouvait être de 300 à 400 yards, si l'on s'en rapporte à des expériences faites assez récemment (voy. *United Service, Jornal*, septembre 1822). Wilkinson (*Engines of war*) fixe même celle de l'arc long à 600 yards ou 568 mètres.

D'après une ordonnance d'Edouard VI, les arcs devaient être faits en bois d'if, de noisetier, de frêne. D'après Roger Ascham (*Gron. Military Antiq.*, t. 1, p. 136), ce dernier était réservé exclusivement aux flèches. D'après un manuscrit génois qui est au dépôt de la marine à Paris, la corde en était faite d'un écheveau de fil de chanvre dont tous les fils adhéraient fortement l'un à l'autre au moyen d'une ficelle qui les garnissait entièrement. Ce fil devait être de chanvre femelle, ce dernier passant pour plus fort que le chanvre mâle[1].

Les Francs firent peu d'usage de l'arc, surtout à la guerre ; mais ils l'employèrent assez fréquemment à la chasse. Ce furent les Normands qui le généralisèrent chez nous et qui l'introduisirent en Angleterre où il devint bientôt l'arme favorite de la nation. Les soldats anglais se montrèrent fort habiles à son maniement. Pour nous, si l'on s'en rapporte à l'un des proverbes du manuscrit n° 1839 de la Bibliothèque Impériale, nos *meilleurs archers furent en Anjou*.

D'après Wilkinson, un archer anglais qui ne tirait pas douze flèches par minute, et qui sur ce nom-

[1] Voici un document curieux que j'extrais de l'*Archéologie navale* de M. Jal. t. 2, p. 321. C'est le compte de revient des arbalètes et autres armes fournies par Jehan Arrode et Michiel de Navarre pour l'armement de la flotte au 14e siècle. Voici ce compte :

— « Pour XII^{xx} et XIX verges d'yf prestes pour fère arbalestes, XVIII livres, XVIII sols, 11 deniers tournois ;

— Pour bastons cruz (creux) et pour arbrez pour arbalestes dont il i ot V^c VIII^{xx} et XII qui coustèrent VIII^{xx} VIII livr. XIX sols VI deniers.

— *Item*, pour noiz à arbalestes IIII liv. IIII sols VI den.

— *Item*, pour clés et pour estriers de fer pour arbalestes XXXV liv. XI s. X den.

— *Item*, pour femelle de chanvre pour fere cordes à arbalestes posant XII c. LIIII liv. qui coustent LXI liv. XV s. I den.

— *Item*, pour XI c. et XXVI carcois à porter quarriaux, XXX liv. VII s. XI den.

— *Item*, pour V c. LXV coches (ou caches) à mettre quarriaux LXXVI liv. IX s. VIII den.

Le statut génois manuscrit, dont nous avons parlé plus haut, nous donne des détails curieux sur le nombre d'arbalètes, de flèches, etc., que devaient contenir les navires. Ainsi chaque bâtiment devait avoir 28 arbalètes à tour ou tourniquet (*a turno*) sous peine de 2 florins par chaque arbalète manquante ; — 32 à rouet, sous la même peine ou plus ; 14 tourniquets ; 32 rouets ; 12 caisses de viretons pour arbalètes à tourniquet ; 22 caisses de viretons d'arbalètes à étrier (*a tibia*) ; 16 caisses de viretons pour arbalètes à rouet. Or d'après un passage de *l'Histoire du Dauphiné*, t. 2 charte de 1345 ; chaque caisse de viretons était de 500 au moins. Cela faisait 27,000 flèches ou viretons à lancer. En dehors de ses approvisionnements l'arbalétrier et le matelot catalan devaient personnellement se munir, et à leurs frais, des armes suivantes : — « De bonnes cuirasses, une gorgère, un chapeau ou cappel de fer, une épée, une dague ou couteau, deux bonnes arbalètes, un croc et cent viretons ou passeurs (passadors ó viratons). » En échange de leurs services, ils recevaient chacun 8 sols par jour. Quand un navire était pris, ils avaient droit à tous les crocs et à tous les carreaux qu'on trouvait sur le pont. En outre chacun d'eux jouissait de cinq parts de prises. Ils combattaient de derrière les *pavesades*, *tours* et *guérites* des vaisseaux.

bre manquait un homme à 240 yards, *était méprisé*. A cette distance, la flèche devait traverser une planche de chêne de un à deux pouces d'épaisseur. Aussi Christine de Pisan, dans son livre des Faicts d'armes (Manuscrit n° 7076, chap. x,) dit-elle : « L'habitude de tirer de l'arc distingue ceulx d'Angleterre dès la jeunesse, et pour ce passent les autres archiers; et de 600 piés de long (195 mètres), mettoient la bonne où ils trayoient. »

Gaston Phœbus ajoute son témoignage à celui de Christine, en ces termes : « Des arcs, dit-il, ne sçay-je trop; mais qui plus en voldra sçavoir, si aille en Engleterre, car c'est leur droit mestier. »

L'arc avait sur l'arbalète l'avantage de la légèreté. « Le bone balestre non ponno essere legiere », dit Ursus de Ursinis dans son traité *Della militia* (manuscrit n° 1763, Bibl. impériale). Le tireur y trouvait en outre l'avantage de la promptitude, car pour bander l'arbalète il fallait se servir des deux pieds et des deux mains; ou bien employer (ce qui n'était ni moins long ni plus commode) le *cranequin*, *le pied de biche*, ou *le cric*; c'est ce qui explique comment l'arbalète pouvait à peine tirer deux ou trois coups par minute, tandis que l'arc en tirait douze; mais sa *flèche*, son *vireton*, avait plus de force que celui de l'arc. Il pouvait percer un madrier de six pouces d'épaisseur, ce que le trait du premier était loin de faire.

D'autre part, l'arc sur le terrain demandait moins de place. On pouvait le tirer serrés les uns contre les autres en se plaçant verticalement. Pour l'arbalète, au contraire, il fallait, comme le fait observer de Rocquencourt (Art militaire), rester dans un plan horizontal. Avec l'arc il fallait des hommes exercés par un long apprentissage et ayant une grande force musculaire, — *un peuple de soldats*, comme a dit l'empereur Napoléon III dans son ouvrage sur l'artillerie. Avec l'arbalète on n'avait besoin que d'un coup d'œil juste et d'une assez grande vigueur corporelle, car le cranequin, les poulies, la noix, le fust même de l'arme étaient lourds et embarrassants. Les *carreaux* étaient d'ailleurs assez pesants. Aussi l'arbalétrier n'en portait-il que dix-huit dans son *étui* ou *carquois*, tandis que l'archer anglais avait vingt-quatre flèches.

On appelait *arbalètes à deux pieds* celles qu'on bandait en tenant l'arc verticalement sous la chaussure, tandis qu'avec les deux mains on en tirait à soi la corde. (Voyez Anne Comnène, liv. X, p. 291, Paris, 1631, *l'Alexiade*; — Marino Sanuto, *Gesta dei per Francos*, p. 81, Hanoviæ, 1611; — enfin *les Monuments de Montfaucon*, t. III, p. 228.)

L'arbalète, selon toute probabilité, fut apportée d'Asie, et vraisemblablement au retour de la première croisade, car il en est parlé dans la vie de Louis le Gros, aux premières années de son règne, lequel commença en 1108; mais cette arme parut si meurtrière, si antichrétienne, qu'un concile de Latran tenu en 1199 l'anathématisa. A partir de ce moment, soit par obéissance aux décrets du concile, soit parce qu'on ne connaissait pas chez nous la manière de construire l'arbalète, son usage diminua et fut presque abandonné jusqu'au règne de Philippe-Auguste. Cela arriva au point que Richard Cœur-de-Lion, ayant appris à s'en servir, passa pour son inventeur. Il y en avait de grandes avec lesquelles on défendait les villes et les vaisseaux : « Et parce qu'elles estoient bandées avec un tour, » dit un vieil écrivain, « elles estoient appelées *balistæ à turno*, en françois arbalètes à tour. »

Marin Sanut (*in secretis fidelium crucis*, lib. II, chap. 8) dit que de son temps les navires portaient *balistæ grossæ à turno cum suis miniminibus*.

Le même écrivain appelle ces petites arbalètes qu'un homme pouvait bander en les appuyant contre sa poitrine, *balistæ a pectoribus*.

L'arbalète avait à sa monture, autrement dit à son *arbrier*, un *os* qu'on appelait *noix* ou cylindre, servant à recevoir le trait qui venait s'y engager par un petit canal. Au-dessous il y avait une *gâchette* ou *clef* qui faisait partir la corde amenée jusque-là avec la main ou à l'aide du crochet. La corde à son tour en se raidissant faisait voler le carreau. Guillaume le Breton, dans sa *Philippide*, liv. V, décrit ainsi l'usage qu'on faisait de ces diverses parties de l'arme :

> Guido nucem volvit ballistæ pollice lævo,
> Extra premit clavem..., etc.

Selon lui du temps de Philippe-Auguste nos soldats ne connaissaient pas l'arbalète et dans l'armée entière de ce prince « on n'eût trouvé personne qui sût s'en servir. » Le même écrivain établit aussi la différence qu'il y avait entre les traits lancés par l'arc et ceux que jetait l'arbalète :

> « Quadrellos hic multiplicat, pluit ille sagittas. »

Rigord « (de Gestis Philippi Augusti), » dit également qu'on lançait « querellos cum ballistis et sagittas cum arcubus. »

Le *tir* ou la *mire* de l'arbalétrier étaient dirigés par les *alidades* ou *grains de fronteaux* fixés à l'extrémité du fust. Les gens de pied bandaient l'arbalète soit avec la main, soit avec le cranequin à poulie simple ou double, quelquefois quadruple[1]. Les cavaliers se servaient plus spécialement du pied de biche ou crochet.

On appela les soldats armés d'arbalètes *cranequiniers*, spécialement sous Louis XI. Le président Fauchet dans son traité de la *Milice*, dit à ce sujet : « Il se trouvoit aussi des hommes qui non-seulement à pied, mais encore à cheval, portoient des arbalestes plus légères, premièrement de bois, puis de corne, et finalement de fer acéré, appelez *cranequiniers*; car Philippe de Comines, en ses mémoires de Louis XI, ch. XI, dit, parlant du duc de Calabre : « Il avoit quatre cents cranequiniers, gens bien montés, qui semblèrent bien gens de guerre. Je ne sais s'ils estoient ainsi nommés pour le bandage de fer qu'ils portoient à leur ceinture, par nous nommé *cranequin*. Et ces arbalestres, au haut de l'arbre, avoient un fer en façon d'estrier, pour, en mettant la pointe du pied dedans, en tirant à mont le pied de chèvre (ainsi appellent-ils le bout du bandage encorné) plus aisément bander l'arc, etc. » — Blaise de Montluc dans ses *Commentaires* nous apprend qu'il fit servir une fois l'arbalète à un singulier usage : « Il ne me restoit lors que mes six arquebusiers, car les arbalestriers avoient employés tous leurs traicts; toutes fois, pour monstrer qu'ils n'estoient recréus, je leur fis mettre l'espée nüe à la main et l'arbaleste en l'autre pour leur servir de bouclier. »

Les grandes arbalètes, qui restaient fixées aux remparts et défendaient les machicoulis, s'appelaient *arbalètes de passe*; on les bandait avec des *treuils* ou *mouffles* de quinze à vingt pieds, et elles portaient fort loin. On les appelait parfois ribaudequins, nom qui leur fut commun avec les premiers canons. Il y eut de ces ribaudequins (pour les deux armes) qu'on faisait marcher contre l'ennemi en les plaçant sur une charrette ou sur un train à deux roues garni d'un mantelet qui protégeait les hommes de service. On les poussait ensuite à bras vers l'ennemi qu'on accablait de *jalets* ou galets, de carreaux, de balles de plomb ou de pierre, etc. Froissard les décrit ainsi : « Ces *ribaudeaux* sont brouettes haultes bandées de fer, à longs picots de fer par-devant en la pointe que ils seulent par usaige mener et brouetter avecque eux, et puis les arroutèrent devant leur bataille et là-dedans s'encloirent. » La chronique rimée de Guillaume Guiart nomme aussi le ribaudequin *espingole*.

Tout ceci explique et rappelle que dès l'origine on donna le nom d'artillerie non-seulement aux canons, mais à toute espèce d'armes, ou pour mieux dire au *charroi*, témoin ces vers d'un vieux poëte :

« Artillerie est le charroi
Qui par Duc, par Comte, par Roi,
Ou par aucun seigneur de terre,
Est chargé de quarriaux en guerre,
D'arbalètes, de dards, de lances
Et de targes d'une semblance. »

Il y eut en France, comme en Espagne, des arbalètes très-richement ornées. Ainsi M. l'abbé Texier, dans son Dictionnaire d'orfévrerie chrétienne, rapporte ces paroles de Guillebert de Metz, au mot Arbalète : « *Item*, en une autre chambre haulte (de la maison de Jacques Duché, paintre à Paris, 1407), estoient grand nombre d'arbalestes, dont les aucuns estoient pains à belles figures. »

D'après les ordonnances du roi Jean (1751), l'arbalestrier armé de plate, de cervellière, de gorgerette, d'espée, de coutel et de harnois de fer et de cuir, avoit trois sols tournois de gaiges. Il avait droit à deux valets. En effet, Juvénal des Ursins dit des arbalétriers du duc de Bourgogne (1411) : « Il avoit quatre mille arbalestriers, chacun garni de deux arbalestres et deux gros valets dont l'un tenoit un grand pennart (bouclier) et l'autre tendoit l'arbaleste tellement que toujours il y en avoit une tendue. » (Hist. de Charles VI, , chap. VI, p. 468.)

Charles VII, instruit par le désastre d'Azincourt, forma les francs archers qui étaient armés de la salade, de la dague, de l'épée, de l'arc, du carquois ou arbalète garnie, et portaient la jaque ou brigandin. Ces archers étaient francs de la taille du roi, de celle des gens d'armes et de toute autre redevance. On ne pouvait saisir leur équipement pour aucune dette que ce fût, et ils recevaient en campagne quatre *livres* par mois.

L'expression *arbalète de passe*, que j'ai employée plus haut, a donné lieu parmi les savants à plus d'une discussion. Rabelais l'emploie souvent. Ainsi, dans son chap. 23, liv. 1, de *Gargantua*, en parlant de l'éducation de son héros, il dit :

[1] On lit dans une ordonnance de Charles VII, rapportée par le père Daniel, Milice françoise, t. I, p. 243 : — « Les arbalétriers banderont à quatre polies ou à deux s'ils sont bons bandeux. »

« Jectoyt le dard, la barre, la pierre, la javeline, l'espieu, la hallebarde, enfonçoyt l'arc, bandoyt « ès reins les fortes arbalestes de passe, visoyt à l'arquebuse à l'œil, affeustoyt le canon, tyroit à la » butte, au papegay, du bas en amont, d'amont en aval, devant, de cousté, en arrière comme les » Parthes, etc. »

Qu'entend Rabelais par ces diverses expressions? — *Enfonçoyt l'arc*, c'est-à-dire le pliait pour le bander, et par conséquent enfonçait un de ses bouts en terre.

Bandoyt ès reins les fortes arbalestes de passe, c'est-à-dire faisait quelque chose de très-difficile, car si les arbalestes ordinaires se bandaient ainsi, c'était chose impossible pour les arbalestes de passe dont la grandeur était prodigieuse (voir celle qui a été rapportée d'Orient et qui est au musée d'artillerie de Paris). Leur force de résistance ne pouvait céder qu'à des instruments mécaniques. C'est ce qui a fait dire à Brantôme, dans ses *Capitaines étrangers*, t, I: — « Il n'y a homme, si fort soit-il ni géant, qui pût de sa main « bander l'arbalète de passe; mais avec une poulie elle se bande fort aisément. »

Fauchet, dans son Traité de la *Milice et des armes*, écrit en parlant de nos pères: « Ils avoient aussi des instrumens appellez *ribaudequins* et *arbalestes de passe*, à la façon des anciens *scorpions*, parce qu'ils piquoient plus mortellement que bestes venimeuses; lesquels instrumens avoient l'arc de douze ou quinze pieds de long, arrêté sur un arbre (ainsi appeloit-on la longue pièce où tenoit l'arc), long à proportion convenable, pour le moins large d'un pied et creusé d'un canal, pour y mettre un javelot de cinq ou six pieds de long, ferré, et néantmoins empenné aucunes fois de corne (car j'en ai vu un ainsi accoustré), tenue comme celle des lanternes, ou de bois léger, pour le faire plus aisément voler ainsi qu'une sagette avec la plume, lesquels ribaudequins, pour leur pesanteur, demouroient sur les murs des forteresses; et à l'aide d'un tour, manié par un ou deux ou quatre hommes, selon sa grandeur, on bandoit ce grand arc, pour lâcher le javelot, qui bien souvent perçoit trois et quatre hommes d'un seul coup. »

De la Noue, dans son dictionnaire des *Rimes françoises*, dit qu'on a appelé *arbaleste de passe* cette sorte d'arbalète parce qu'elle faisait faire *une grande passée* au trait qu'elle lançait. Fauchet, dans son « Traité de la milice et des armes, » est aussi de cet avis; mais cette étymologie nous semble fausse. Froissart en effet nous apprend (vol. 2 de ses *Chroniques*, p. 231, édit. Vérard), que *la passe* était un engin de bois, à plusieurs étages, dans lequel on mettait des arbalétriers; on faisait ensuite approcher cette sorte de château roulant des murailles, et lorsqu'il était arrivé à un point d'où il dominait la ville, les arbalétriers faisaient jouer les arbalètes de passe et accablaient de projectiles ceux qui défendaient la place.

Maintenant pourquoi appelait-on cette machine *passe*? Cela vient évidemment du mot latin *passer* et désigne ce qu'en terme de fortifications on a appelé longtemps *moyneaulx* (voir le roman de Perceforest, vol. 1, ch. LXXXIII), et en italien *cazemate*, d'après Henri Estienne (traité de la précellence de la langue françoise).

L'usage de l'arbalète une fois établi dura longtemps et les perfectionnements apportés dans l'arquebuse et les autres armes à feu purent seuls le déraciner. Il diminua beaucoup dans les guerres d'Italie, sous le règne de François Ier et ne fut supprimé définitivement que plus tard dans les armées françaises.

Une lettre patente de Charles IX nous fait même connaître que ce fut vers 1566. En effet, cet acte ordonne qu'à l'avenir les trois compagnies d'archers de la ville de Paris seront toutes armées d'arquebuses, « attendu qu'à présent les arcs et arbalestes ne sont en usage de défense. »

Toutefois, nous retrouvons encore l'arbalète en Angleterre, sous Elisabeth, et l'histoire fait mention de flèches lancées par les Anglais au siége de l'île de Rhé, en 1627. Mais à partir de ce moment on peut dire que l'arbalète devint en Europe moins un arme qu'un objet de curiosité.

Planche XL. — ÉPÉE DITE DU CID.

Nous avons déjà donné en dehors de ce *supplément*, dans le tome Ier de l'*Arméria*, planche 30, une épée ayant la même désignation que celle-ci. Nous dûmes en combattre et en contester l'origine en nous appuyant spécialement sur la forme et sur le style de cette arme. Les rédacteurs du dernier catalogue de l'*Arméria real* nous donnent parfaitement raison en l'attribuant, comme propriété, à don Rodrigo Alonso Pimentel, comte de Benavent et Mayorque, seigneur de Villalon, fils de don Alonso, 2e comte de Majorque et 3e de Benavent. Don Alonso Pimentel, servit les rois catholiques, comme le constate leur chronique. Il prit part aux guerres de Portugal, fut fait prisonnier au combat de Boltanas, assista à la conquête de Grenade et signa à la capitulation de cette ville.

Mais il y a encore à l'*Arméria*, n° 1727, une autre épée dont notre dessinateur (tome 2, pl. 10), a attribué la propriété à Philippe II, probablement parce qu'elle est de ce temps par sa forme. J'ignore pourquoi les rédacteurs du catalogue actuel de l'*Arméria*, veulent la faire passer pour la *Colada* du Cid. La tradition qui la donne à Fernand Cortez n'est pas meilleure, car ni l'une ni l'autre de ces opinions ne sont fortement appuyées. En effet, on n'allègue aucun motif en faveur de l'attribution relative à Fernand Cortez; et quant à être la *Colada* de Ruy Diaz el campeador, elle ne l'est pas plus que le n° 30 de notre tome Ier. Le Cid mourut à Valence en 1099. Il avait conquis son épée sur le comte don Berenguer Ramon II, dit le fratricide, en 1089, à la bataille d'Almenara ou à celle d'el Pinar d'après la chronique de Belorado. Combien de temps l'avait portée don Ramon et d'où lui venait-elle? je l'ignore; mais ce que je sais c'est que jamais épée de ce temps n'a présenté les courbes gracieuses qu'offre la poignée de celle-ci. Les lettres de la lame ne sont même pas de ce siècle, et les fleurs de lys qu'on y aperçoit ne furent en aucun temps portées par le Cid. Au reste il y a une raison péremptoire à laquelle on n'a pas fait assez attention jusqu'ici pour qu'elle ne soit point la *Colada* : c'est que d'après *las Antiguedades de España* par Berganza, et autres anciens documents, la garde de cette épée célèbre était formée par une croix. Or, il n'y en a pas trace dans l'arme en question.

Quant à notre planche 40 du présent *supplément*, malgré l'inscription qui s'y lit : *Lo soi Tisona; fue fecha en la era de mil e quarenta* (je suis Tisona et je fus faite en l'an mille et quarante), malgré cette inscription disons-nous, dont les caractères sont assez anciens, nous n'hésitons pas à déclarer que l'attribution de cette arme au Cid, est aussi fausse que les précédentes. En comparant cette épée à celle de Bernard del Carpio, compagnon du Cid (voir la planche 26 de notre 1er volume), on s'aperçoit immédiatement de la ressemblance qui existe entre toutes deux tant pour la forme que pour l'inscription. Les réflexions que nous avons faites pour la première, sont donc applicables à la seconde.

Planche XLI. — EPÉE DITE DE BOABDIL.

Nous avons donné dans notre 2e volume (planche 9), un sabre attribué à Boabdil et dans notre tome 1er une cuirasse et un casque ayant, d'après la tradition, la même origine. L'épée que nous reproduisons ici nous paraît pouvoir, avec quelques raisons de plus, remonter comme provenance, au célèbre vaincu d'Isabelle-la-Catholique, au dernier roi de Grenade.

D'abord, elle est de travail purement mauresque et elle a été, selon toute apparence, fabriquée en Andalousie, soit à Loja, soit à Grenade même, où existaient encore et florissaient des manufactures d'armes renommées depuis plusieurs siècles chez les Arabes. Ses inscriptions malheureusement ne nous apprennent rien; ce sont des prières mahométanes.

La forme de cette épée est très-élégante; ses ornements sont très-gracieux et son pommeau est original. On ne trouverait d'exemple de la pointe qui la surmonte que dans les armes mauresques où elle paraît avoir été fréquente. Ainsi dans le *Semanario pintoresco de Madrid* (années 1837 et 1843), on rencontre deux gravures, l'une d'un sabre de Boaldil qui existe à Grenade, l'autre d'une épée d'Aliatar, alcade de Loja et beau-père de Boabdil, qui se trouve à Cordoue. La forme et la poignée sont pareilles à celles de notre planche.

Il y a mieux. On a répété bien souvent que la représentation des images et des figures était défendue par le coran à ses sectateurs. Soit; mais alors cette prescription ne paraît pas avoir été suivie très-rigoureusement, du moins par les rois et les chefs des maures Andalous, puisque sur notre épée comme sur les deux autres armes que nous venons de citer, nous voyons des têtes et des trompes d'éléphants terminer la garde.

Planche XLII. — DAGUE, POIGNARD, CLEFS POUR MONTER LES ARQUEBUSES, etc.

Le n° 1 de notre planche est un poignard à quatre rainures tranchantes, dont le pommeau servait de tournevis au besoin pour monter la roue d'un mousquet ou d'une arquebuse. La poignée pouvait être employée comme marteau, et le fourreau contient une poudrière. L'ensemble est doré. Cette arme bizarre dont la lame paraît excellente, remonte au 16e siècle. Elle forme le n° 2077, de l'*Arméria* actuel.

Les n°s 2 et 3 de notre planche qui sont d'un travail précieux représentent deux des clefs fort élégantes dont on usait pour armer la roue des mousquets et des arquebuses. Il y en a un assez grand nombre à l'*Arméria*. Celles-ci y occupent les n°s 1977 et 1985.

Le n° 3 de la planche que nous décrivons est une dague dont la lame est toute festonnée sur ses deux tranchants jusqu'à la moitié environ de sa longueur. Sa coquille est, à l'intérieur, d'un beau travail. La gravure en est remarquable par sa finesse et sa pureté. La garde de cette dague est fort longue et il en sort deux sortes d'épis qui vont courir le long de la lame et sont ornementés comme elle. Cette arme occupe le n° 1864 à l'*Arméria*.

L'objet figuré sous le n° 5 de notre planche ne devrait point faire partie de l'*Arméria*, car ce n'est ni une arme ni rien qui s'y rapporte. C'est un long tube argenté et gravé magnifiquement, dans l'intérieur duquel on introduisait le ressort dessiné auprès de lui sur notre planche et destiné à fixer au sommet de ce même tube un anneau en fer doré. Le tout servait à l'amusement des princes et des grands seigneurs au 16e siècle, et formait tout simplement un *jeu de bague* portatif.

Le n° 6 est, si nous ne nous trompons, un collier d'esclave. Peut-être est-ce celui qui se trouve rangé à l'*Arméria real*, sous le n° 1504 et qui fut pris en 1732, à Oran, dans le palais du Bey Mustapha, surnommé *bigotillos*, après qu'il se fût enfui précipitamment devant le comte de Montémar envoyé par Philippe V avec une escadre de plus de 600 navires et un corps d'armée considérable, pour reprendre cette place. On raconte aussi que les Turcs en avaient apporté un grand nombre sur la flotte qui combattit à Lépante pour les passer au col de don Juan d'Autriche et à ceux des autres chefs chrétiens; mais le désastre qu'ils éprouvèrent les dispensa de cet acte inutile de cruauté. Le n° 7 est le même collier, vu sous un autre aspect et dessiné, comme réduction, à la moitié de sa grandeur naturelle.

Sceau du moyen âge représentant un chevalier.

Typ. Cosson et Comp., rue du Four-St-Germain, 43.

TABLE DES MATIÈRES DU SUPPLÉMENT

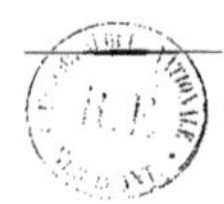

GRAVURES SUR BOIS ACCOMPAGNANT LE TEXTE EXPLICATIF

ENTÊTE DES FEUILLES. — Ce sont les mêmes que dans les deux premiers volumes de *l'Armeria*.

LETTRES CAPITALES. — Les seules qui soient spéciales au 3e volume sont celles de la feuille 1 représentant les armes de quelque grand maître de l'artillerie espagnole; — celle de la feuille 2 reproduisant une lettre tirée d'un manuscrit de la bibliothèque de Saint-Gall; — celle de la feuille 3 tirée d'un des plus anciens manuscrits des archives de Simancas.

CULS-DE-LAMPE TERMINANT LES FEUILLES. — Quelques-uns ont déjà servi aux volumes antérieurs. Les seuls qui aient été gravés exprès pour ce volume sont ceux des feuilles 1re, représentant Olivarès; — 4e représentant un guerrier asturien; — 5e représentant Guillaume le Conquérant d'après un ancien manuscrit; — 6e reproduisant un guerrier du 16e siècle, d'après un sceau inédit; — 7e Id.; — 8e reproduisant un repas du moyen âge; — 9e donnant un spécimen d'arbalète espagnole au 15e siècle; — 10e représentant un chevalier d'après un sceau; — 11e sceau ancien de la ville de Paris.

PLANCHES GRAVÉES OU LITHOGRAPHIÉES.

INDICATIONS DES PAGES OU SE TROUVE LE TEXTE RELATIF A CHAQUE PLANCHE.

Sceau ancien de la ville de Paris.

FIN.

Imprimerie de Cosson et Comp., rue du Four-Saint-Germain, 43.

ESCUDO DE CARLOS QUINTO | BOUCLIER DE CHARLES QUINT

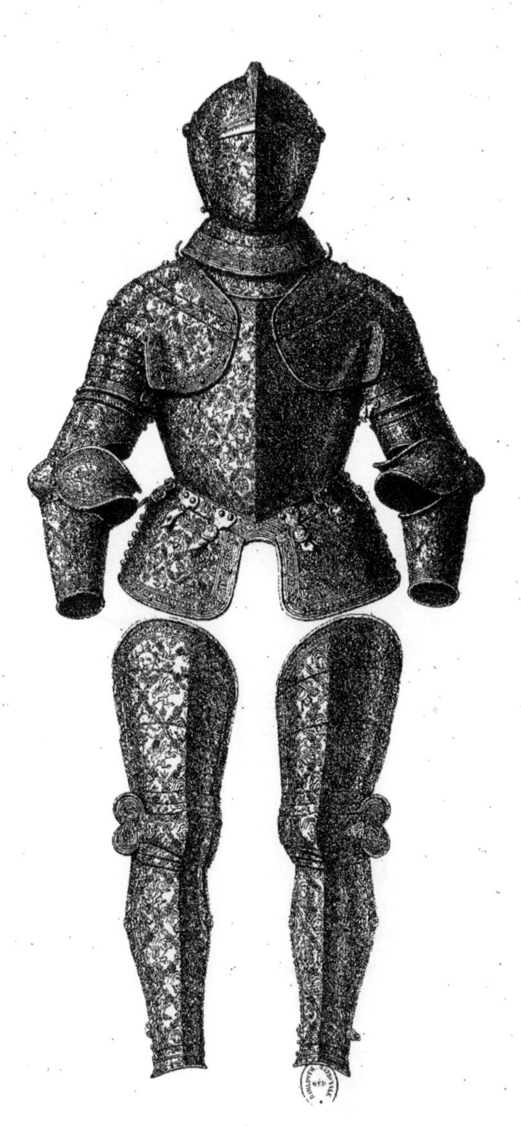

ARMADURA DEL GRAN CAPITAN | ARMURE DE GONZALVE DE CORDOUE

SUPPL.

Armeria de Madrid.

Pl. 5

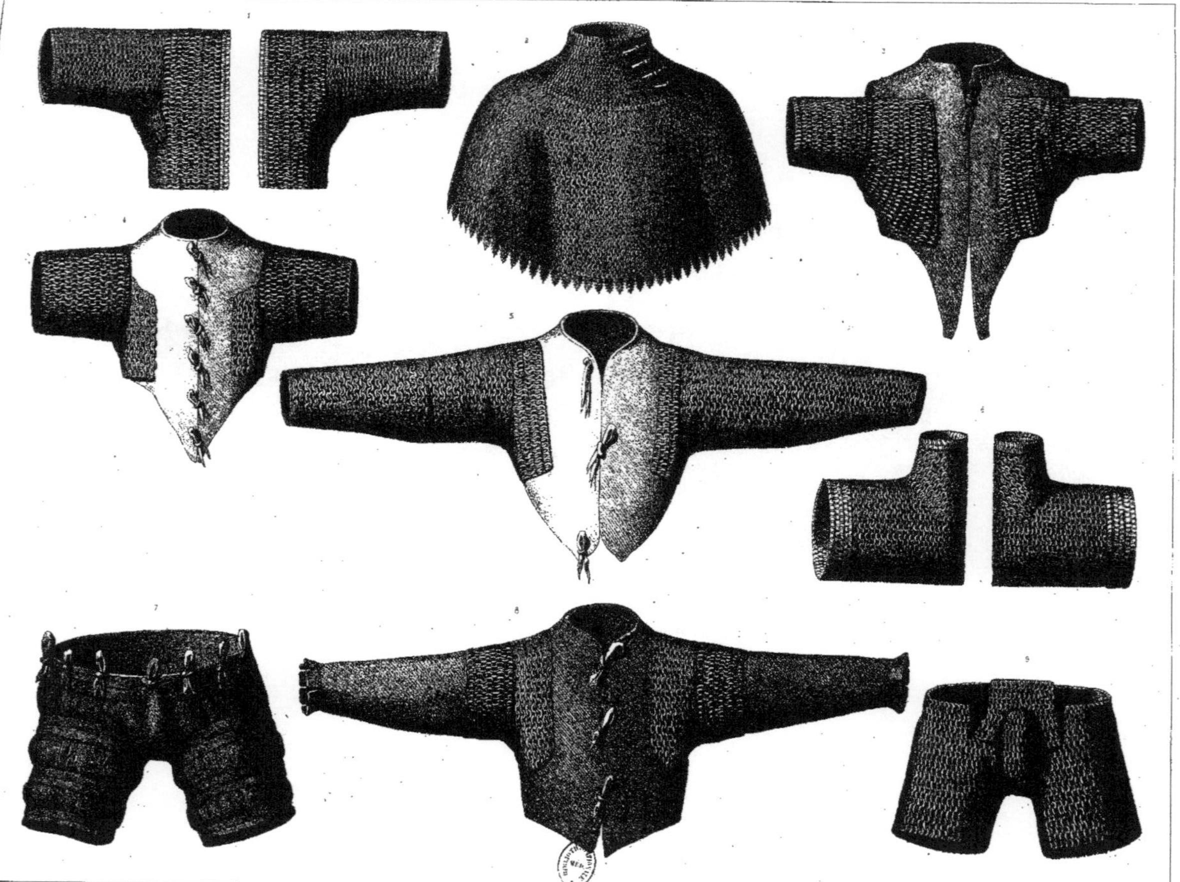

1

2

3

4

5

6

7

8

9

G. Sensi del.

Imp. Lemercier à Paris.

Asselineau Lith.

PIEZAS PARA ARMAR | HARNAIS DE GUERRE.

G. Sensi del. Imp. par Lemercier, à Paris. Asselineau lith.

SILLAS DEL CID,
Y PARAMENTO DE YSABEL LA CATOLICA.

SELLES DITES DU CID,
ET CAPARAÇON D'ISABELLE LA CATHOLIQUE.

Pied de Paris

G. Sensi del. Imp. par Lemercier à Paris Fragonard lith.

ESCUDO DE LA CONQUISTA DE AMERICA. | BOUCLIER DIT DE LA DÉCOUVERTE DE L'AMÉRIQUE.

SUPP. N.º 6.

ESTAPETAS DEL EMPERADOR CARLOS V.

POUDRIÈRES DE L'EMPEREUR CHARLES-QUINT.

Armería de Madrid.

CARCAXES Y GUALDRAPAS | CARQUOIS ET HOUSSES

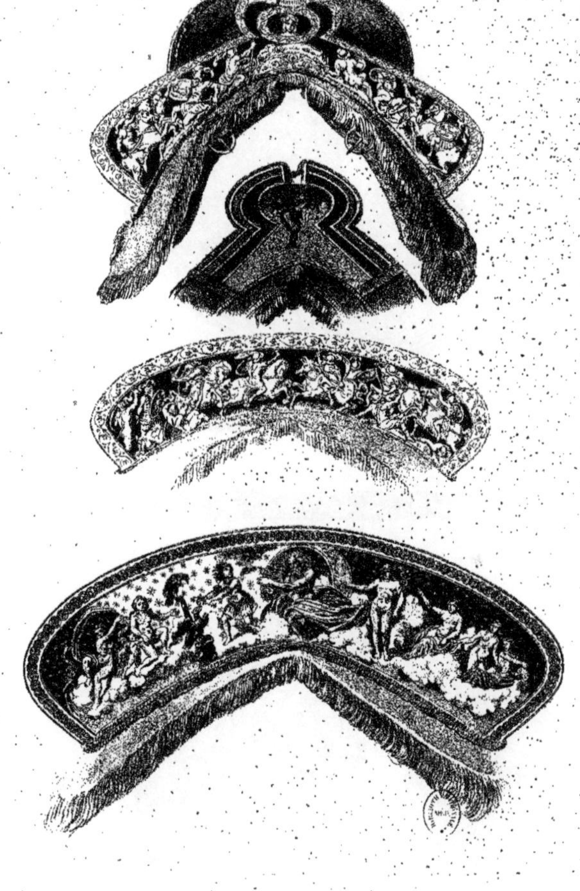

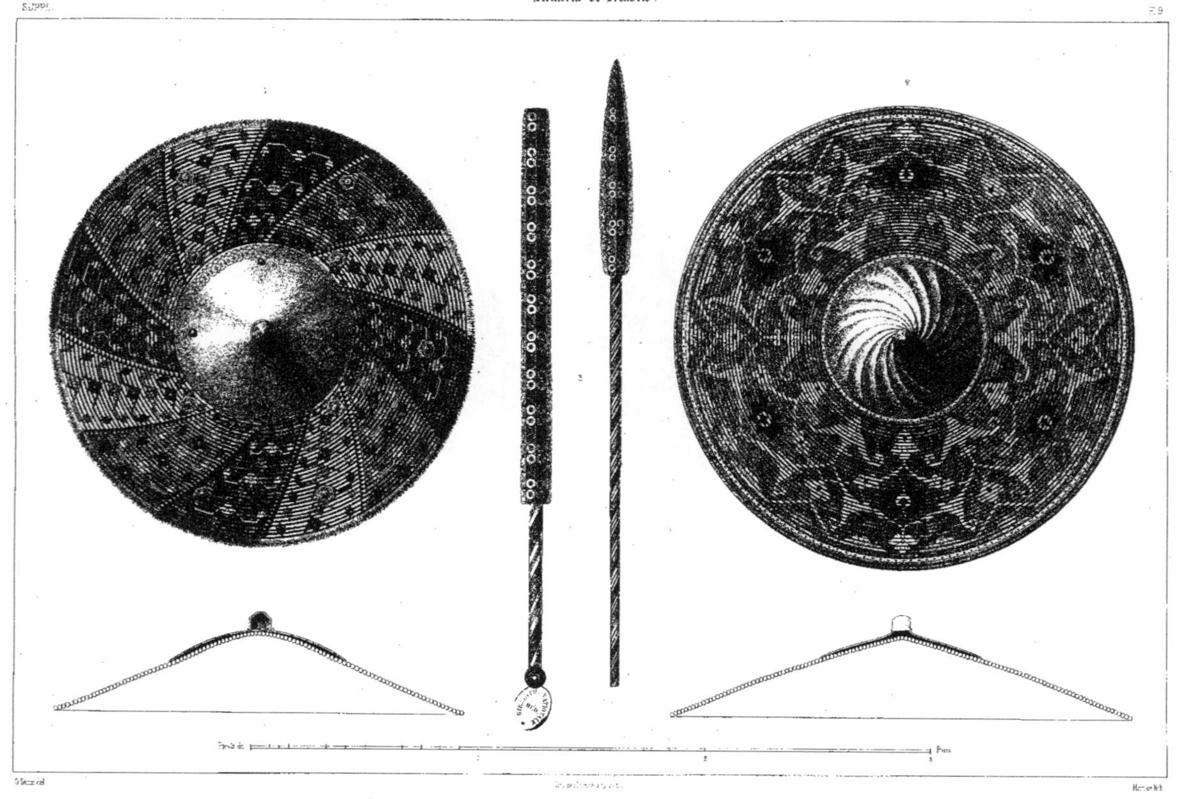

RODELAS JAPONESAS. — RONDACHES JAPONAISES.

G. Sensi del. Imp. par Lemercier à Paris. Puginel lith.

FRASCO DE BIGOTILLOS — POIRE A POUDRE, DE BIGOTILLOS

BOLSA Y CEBADERA O POLVERIN — AUMONIERE ET POUDRIERE

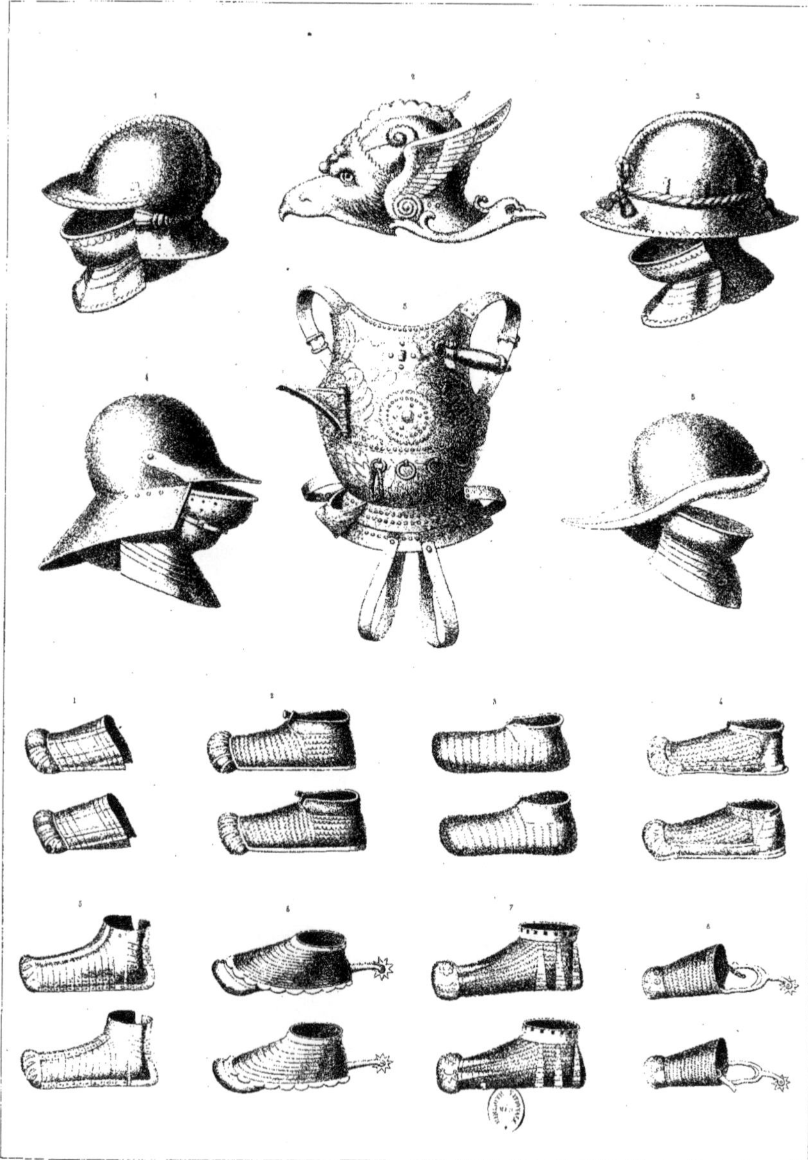

G. Sensi del. Imp. par Lemercier à Paris. A. Chesnel lith.

PETO CON RISTRE, YELMOS CON BABERAS Y ZAPATOS HERRADOS.

CUIRASSE AVEC FAUCRE, HEAUMES AVEC MENTONNIÈRES, SOULIERS EN FER.

Armeria de Madrid

1

2

3 bis

3

G. Sensi del. | Imp. par Lemercier à Paris | Feuquière? lith.

BRAZO, CAPACETE, Y PIERNA | BRASSARD, MORION ET JAMBIÈRES.

1

2

3

4

G. Sensi del. Imp. Lemercier à Paris. Asselineau lith.

TRAGES. | COSTUMES.

1 2 3 4 5 6 7 8 9 10 11

G. Sensi del. Imp. par Lemercier à Paris

ESPUELAS Y ACICATES. 1/4 ÉPERONS.

Sup Pl. Armeria de Madrid Pl. 15

1 2 3 4 5 6

G. Sensi fe. Imp. Lemercier à Paris. Chalamel lit.

MAZAS DE ARMAS. | MASSES D'ARMES.

1 2 3 4 5

IHESVSMARIAGRACIAPLENADOMINVSTECVMBENEDICTATVINMVLIERIBVS

G. Sensi del. Imp. par Lemercier à Paris. Guillaume lith.

GUANTE Y BIRRETA DE CISNEROS, LLAVES DE ORAN

GANTELET ET BARRETTE DU CARDINAL XIMENÈS, CLEFS D'ORAN

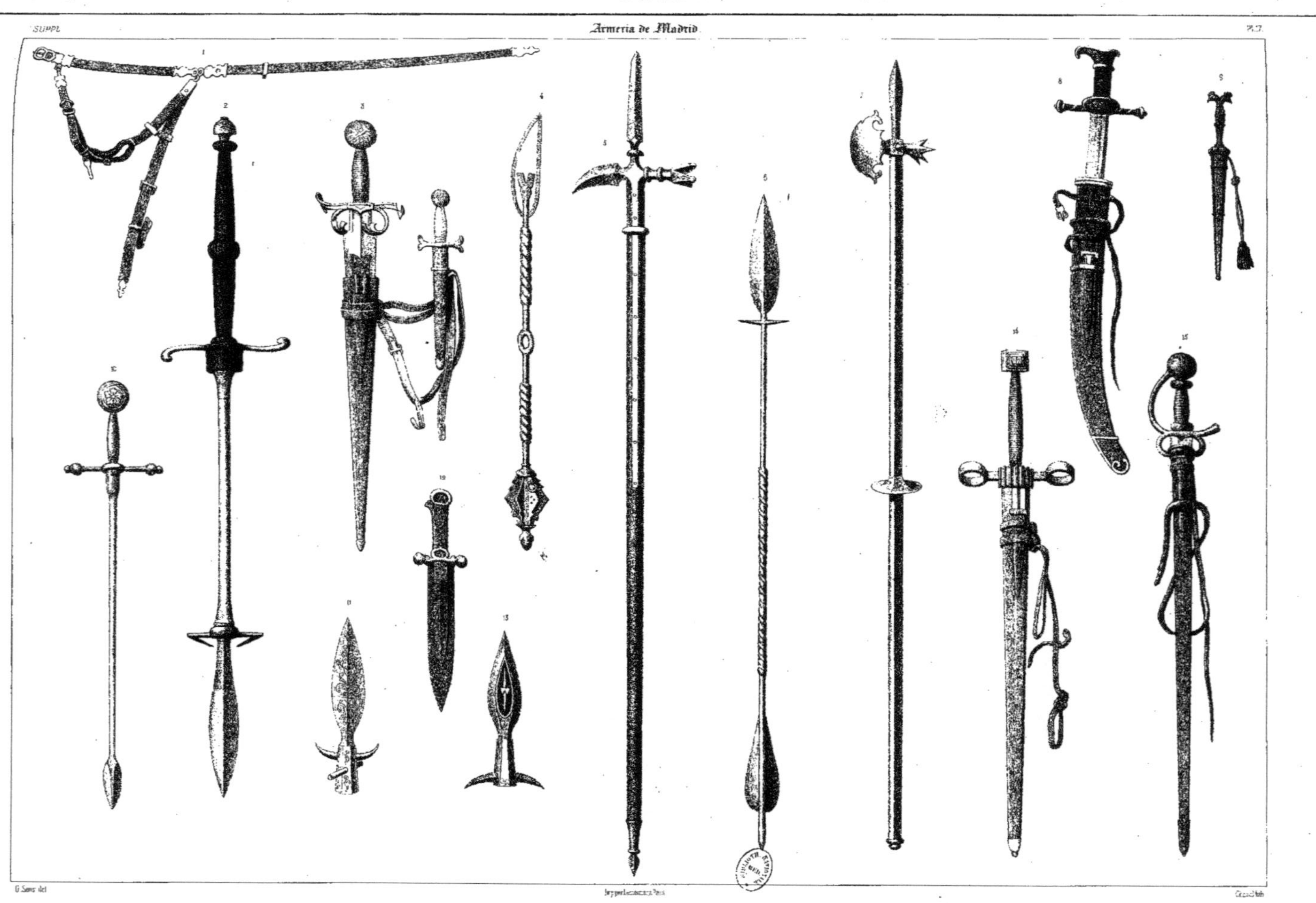

G. Sans del. Imp. Lemercier, Paris

DIFERENTES ARMAS | DIVERSES ARMES

CORAZAS DE ANTE Y GUARNICIONES DE CABALLO | DIVERS PLASTRONS ET HOUSSES DE CHEVAL

1

1 bis

3

2

3 bis

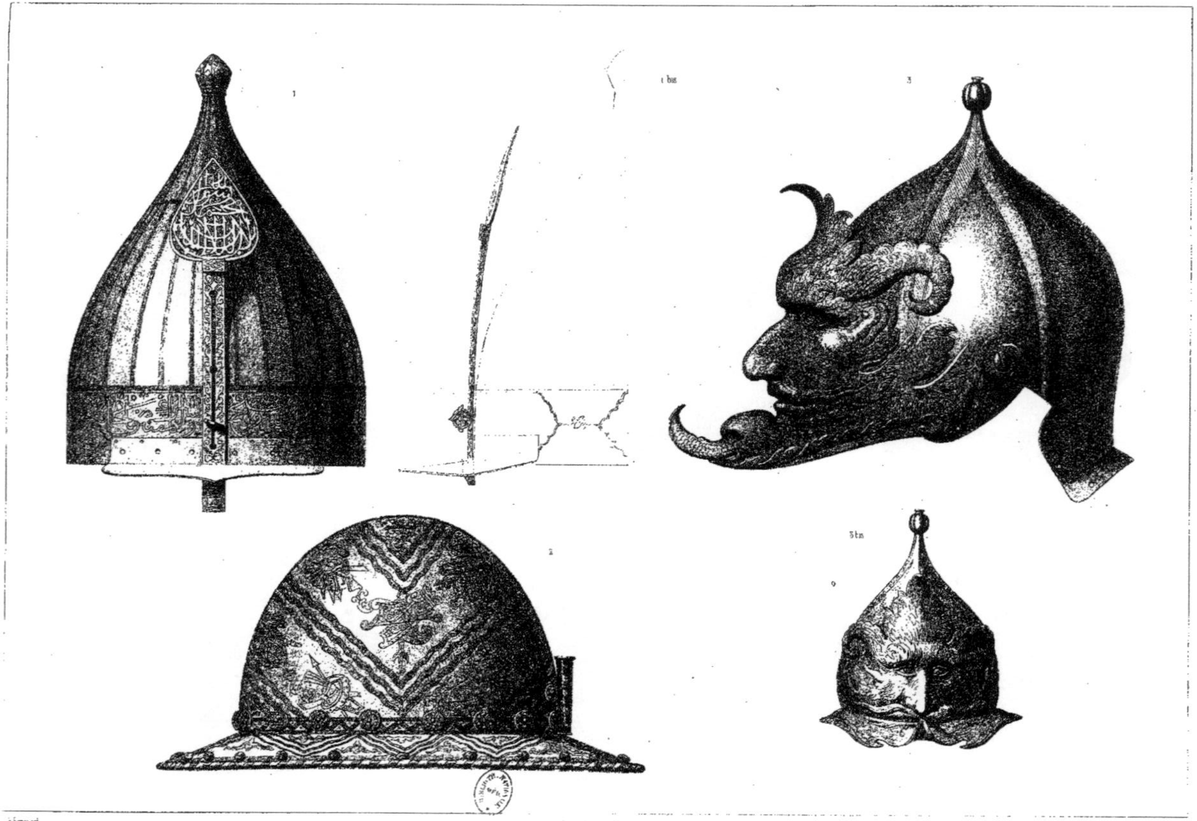

CAPELLINA ARABE, CAPACETE.
CELADA BORGOÑONA COMPUESTA

CAPELLINE ARABE, MORION
ET SALADE DITE BOURGUIGNOTE.

SUPPL. **Armeria de Madrid.** Pl. 8C.

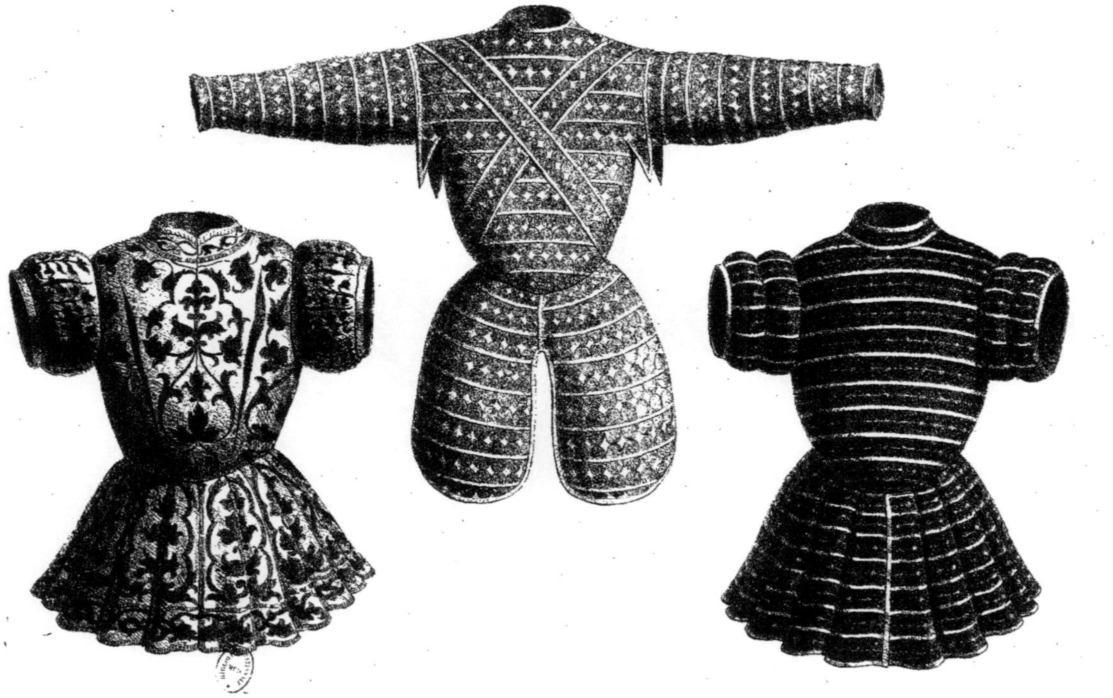

G. Sensi del. — Imp. Lemercier à Paris — Pérouse lith.

TRAGES VARIOS DE ARMAR O FALSOS PETOS. | VÊTEMENS DE GUERRE OU FAUSSES CUIRASSES

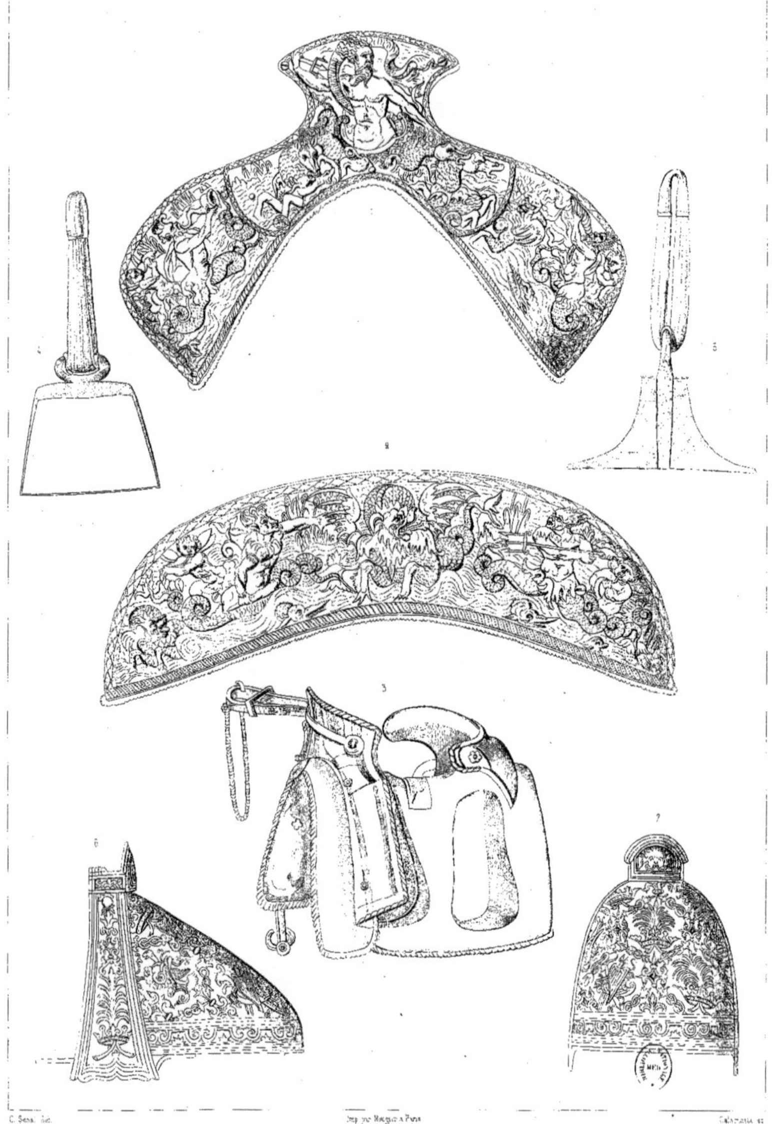

C. Sensi del. — Imp. par Bougeon à Paris — Calamatta sc.

ARZONES, SILLA Y ESTRIBOS. — ARÇONS, SELLE ET ÉTRIERS.

A B C D E F G

ADORNOS | ORNEMENTS.

G. Sensi del. Imp. par Lemercier à Paris Asselineau lith.

VESTIDOS PARA ARMADURAS. | PARDESSUS D'ARMURE.

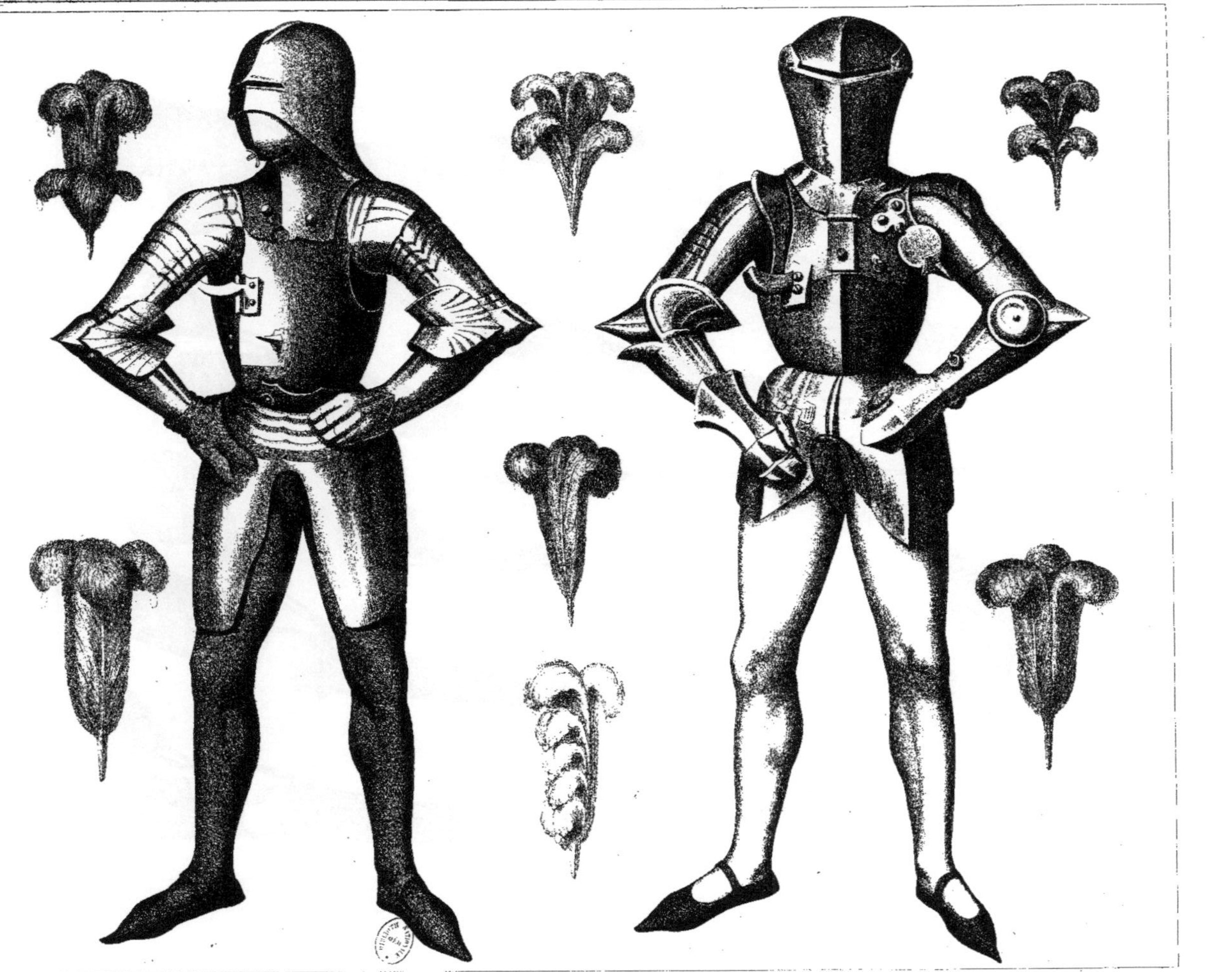

Imp. par Lemercier, à Paris

ARMURES D'INFANTERIE ET PLUMETS | CORSELETES DE YNFANTERIA Y AIRONES

Armeria de Madrid.

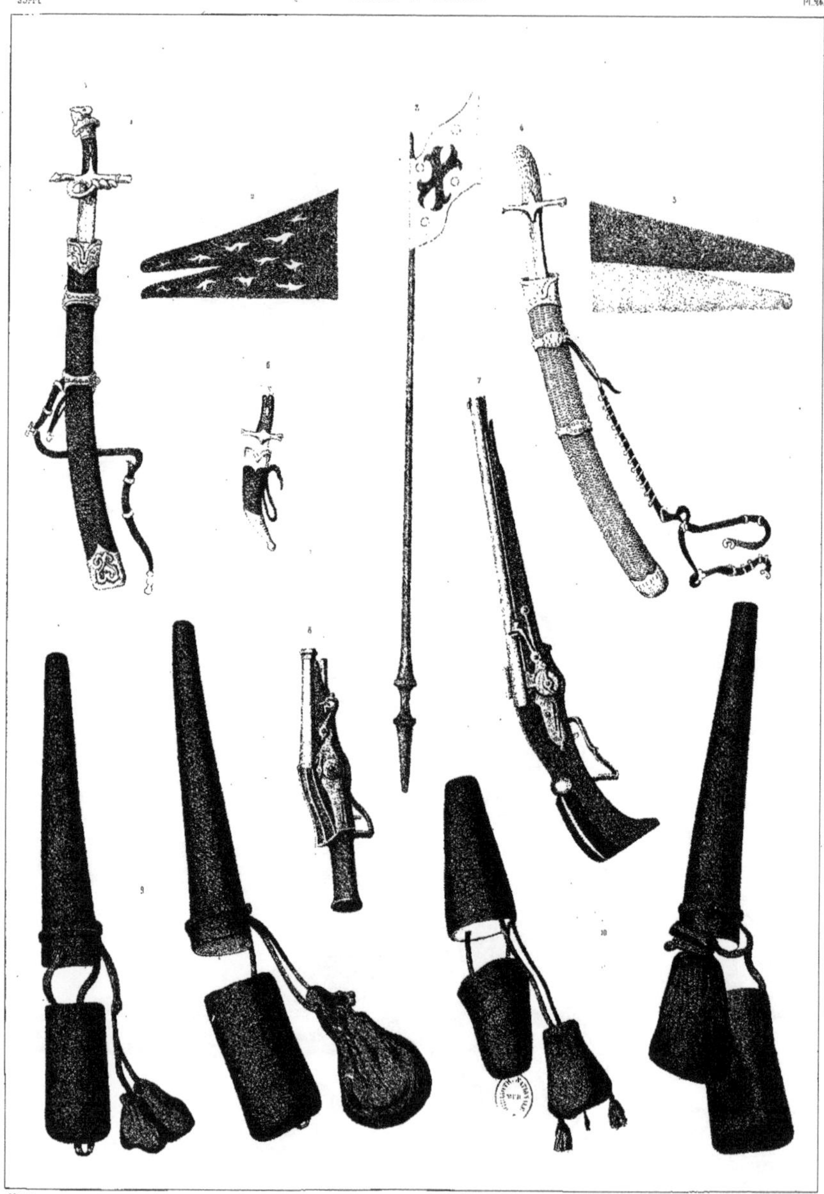

ALFANGES, BANDEROLAS, ARCABUZ, PISTOLA Y FUNDAS. | CIMETERRE, BANDEROLES, ARQUEBUSE, PISTOLET ET FONTES.

SUPP. Armeria de Madrid. Pl. 24 bis

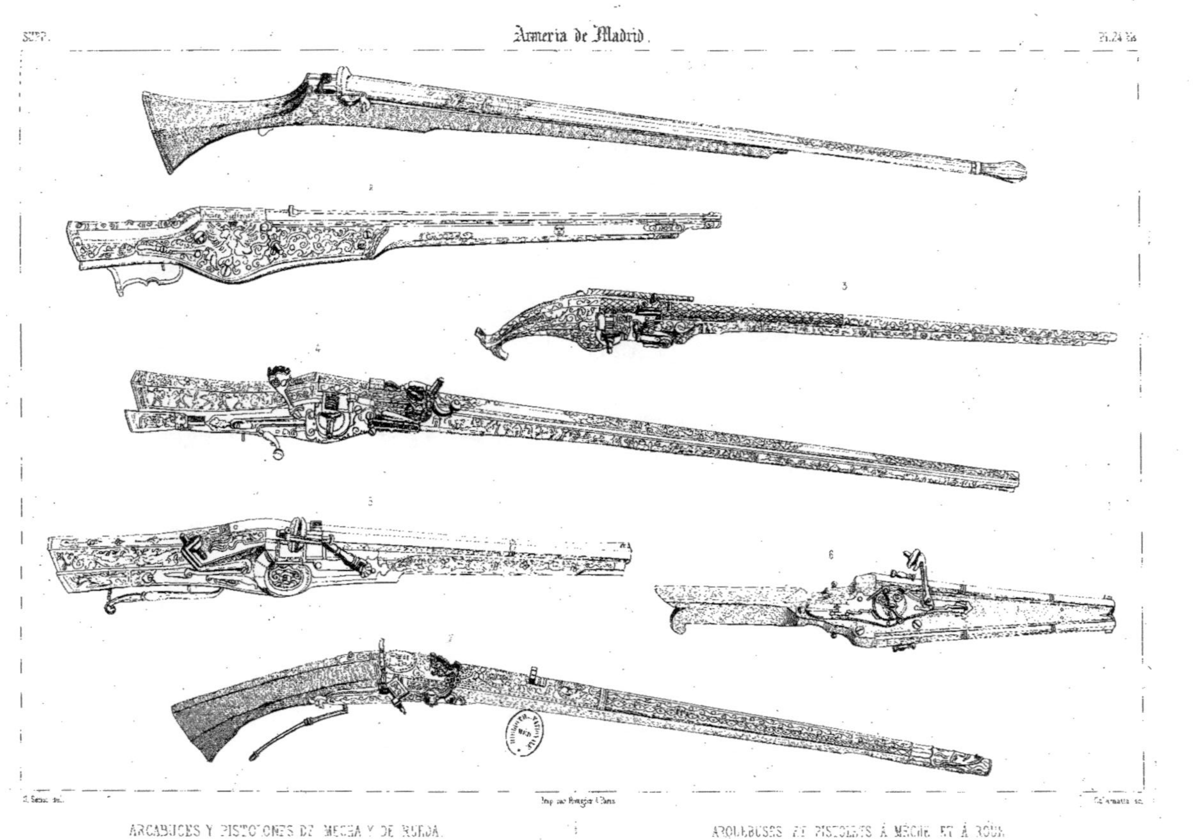

G. Sensi del. Imp. par Pouget à Paris Galarmatta sc.

ARCABUCES Y PISTOLONES DE MECHA Y DE RUEDA. ARQUEBUSES ET PISTOLETS À MÈCHE ET À ROUE

D. Sensi del. | Imp. par Lemercier à Paris. | Asselineau lith.

ESCUDO LLAMADO DE S. FERNANDO | BOUCLIER DIT DE S.t FERDINAND

G. Sensi del. Imp. Lemercier, Paris

ARMADURA DE TONELETE, Y YELMAS CON BABERAS | ARMURE A TABLIER OU TONNE, ET CASQUES A MENTONNIÈRES

G. Sauvan del. Imp. par Lemercier à Paris

ARMADURA CON BARBA DEL EMPERADOR CARLOS V Y PUÑAL MORISCO

ARMURE DE CHARLES-QUINT ET POIGNARD MORESQUE

de A à B, 3 Pieds, 3 Pouces, 6 Lignes.

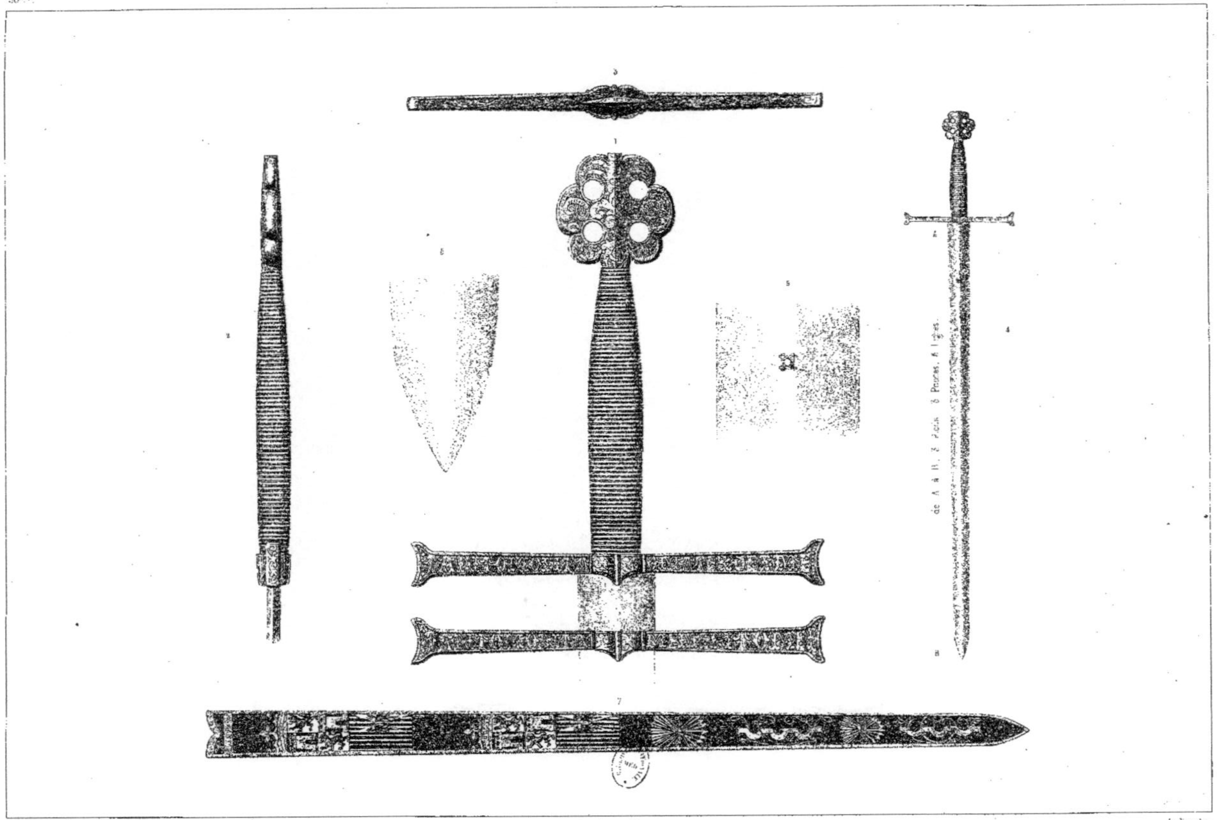

G. Sensi del. — Imp. par Lemercier & Cie Paris — Asselineau lith.

ESPADA DE FERNANDO V, EL CATOLICO | ÉPÉE DE FERDINAND V, LE CATHOLIQUE

G. Sensi del. Imp. par Roupier à Paris. Pennaré sculp.

ESCUDO QUE SE CRÉE
DE CARLOS - QUINTO.

BOUCLIER QU'ON CROIT AVOIR
APPARTENU À CHARLES - QUINT.

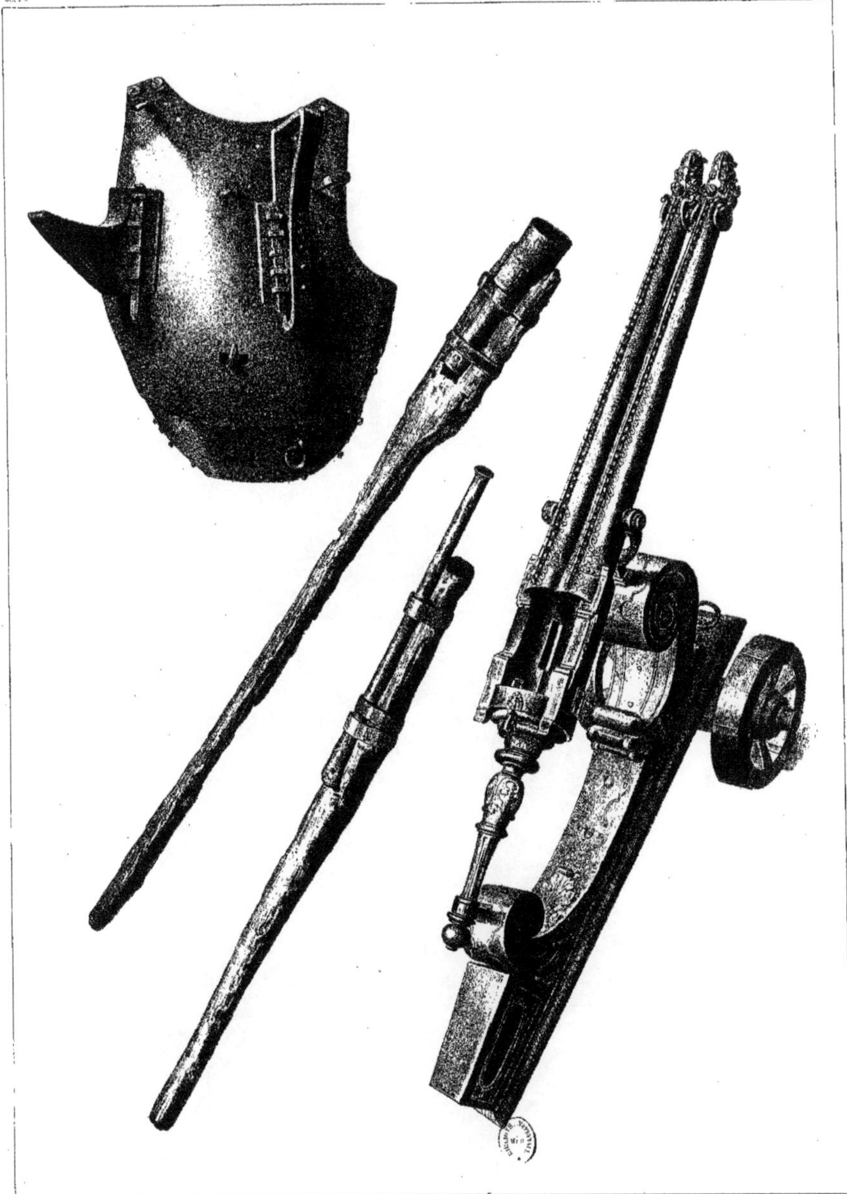

G. Sensi del. Imp. par Lemercier, à Paris Fragonard lith.

PETO DE DON JAYME EL CONQUISTADOR.
CAÑONES DE SU TIEMPO, Y CAÑON YNDIO

CUIRASSE DE DON JAYME LE CONQUÉRANT.
CANONS DE SON TEMPS ET CANON INDIEN

Armeria de Madrid

BANDERA DE LA SS. VIRGEN Y SANTIAGO.

BANNIÈRE DITE DE LA VIERGE ET DE S.T JACQUES

G. Sensi del. — Imp. par Lemercier, à Paris. — Asselineau lith.

ARMADURA DE TONELETE | ARMURE DITE A TONNE.

G. Sensi del. Imp. par Lemercier à Paris Asselineau lith.

COSELETE DE ACERO
TODO DAMASQUINADO DE ORO.

ARMURE D'ACIER
TOUTE DAMASQUINÉE EN OR

SUPPL. Pl. 34

1 2 3

4 5 6 7 8 9

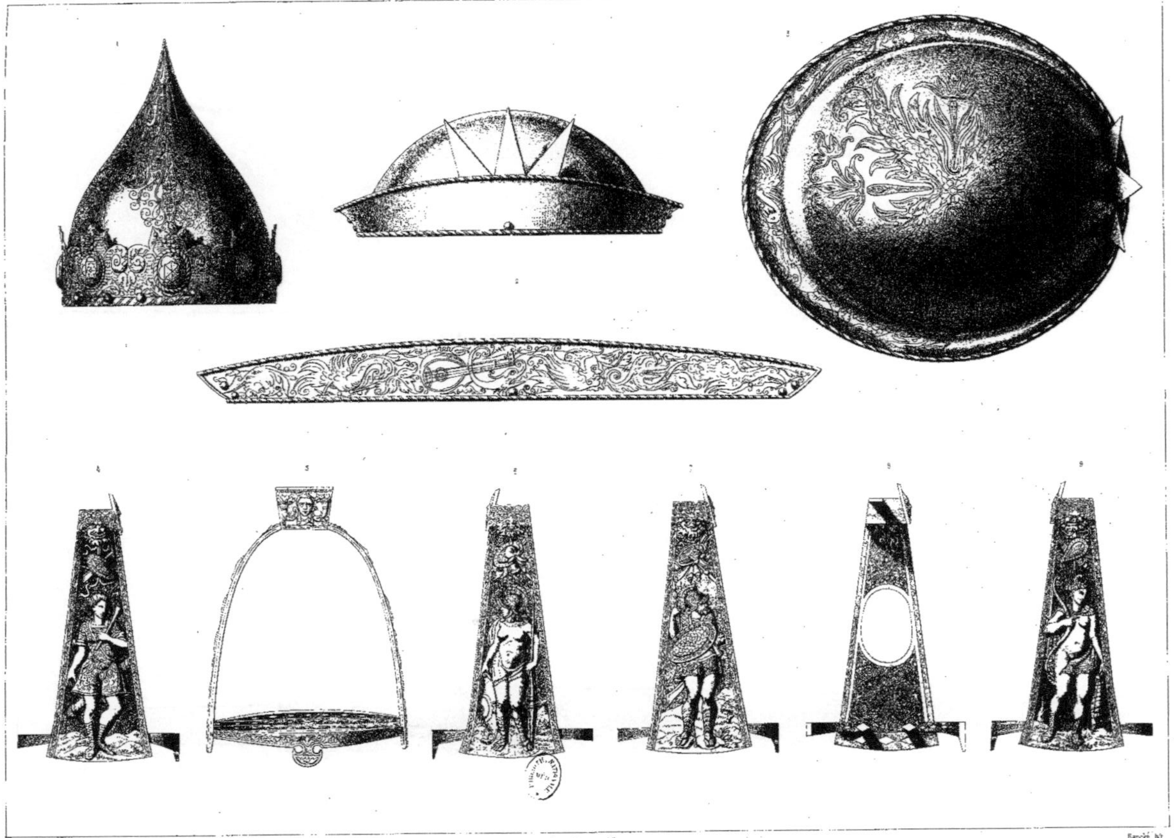

J. Sensi del. Imp. par Lemercier à Paris. Rancke lith.

CAPELLINAS Y ESTRIBOS DEL REY CATOLICO | CAPELINES ET ETRIERS DE FERDINAND LE CATHOLIQUE

Armeria de Madrid.

SUPPᵗ — Pl. 35

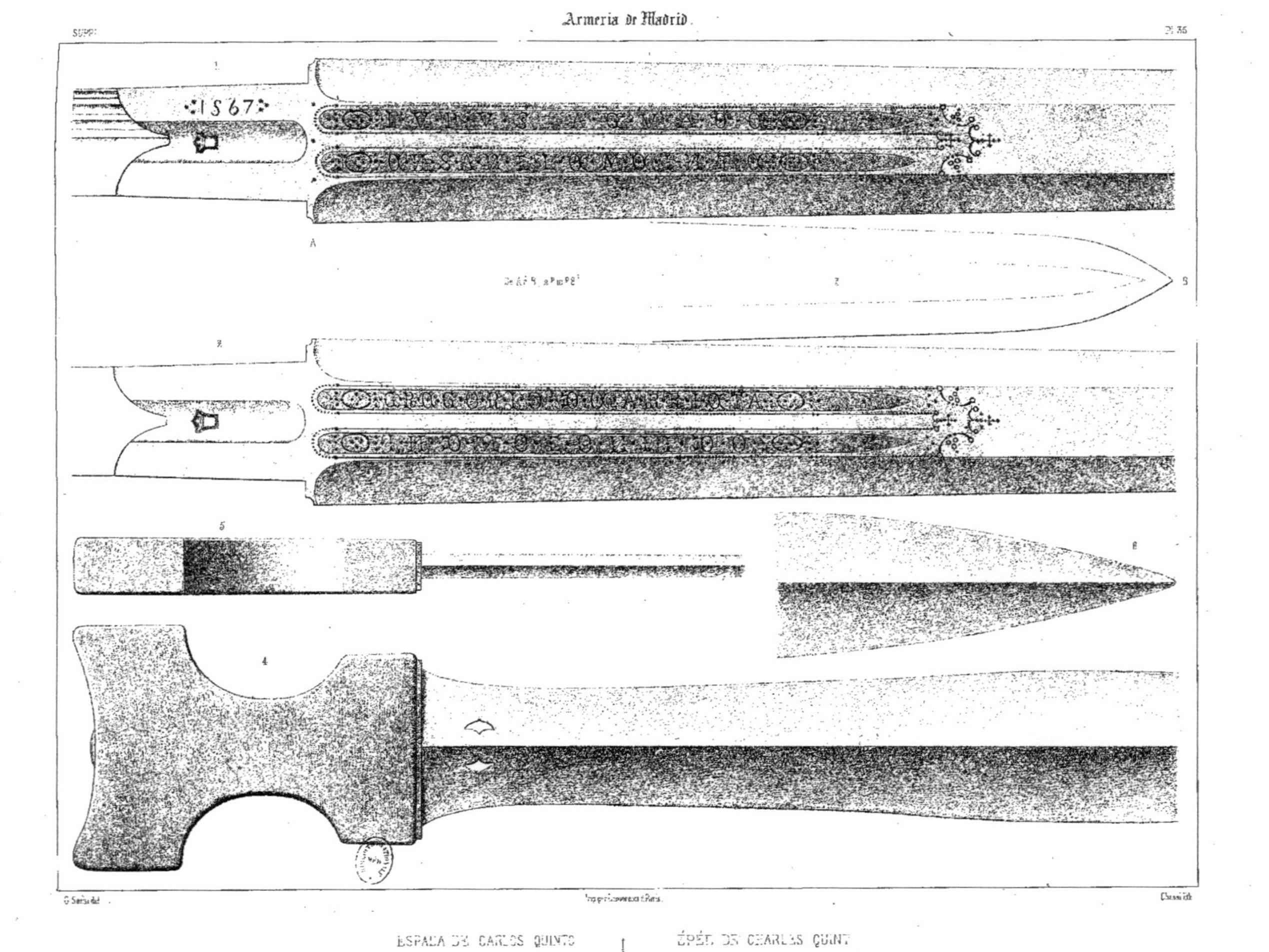

G. Sensi del. — Imp. Lemercier & Cie Paris. — Chauvin lith.

ESPADA DE CARLOS QUINTO Y PUÑAL MORISCO

ÉPÉE DE CHARLES QUINT ET POIGNARD MAURESQUE.

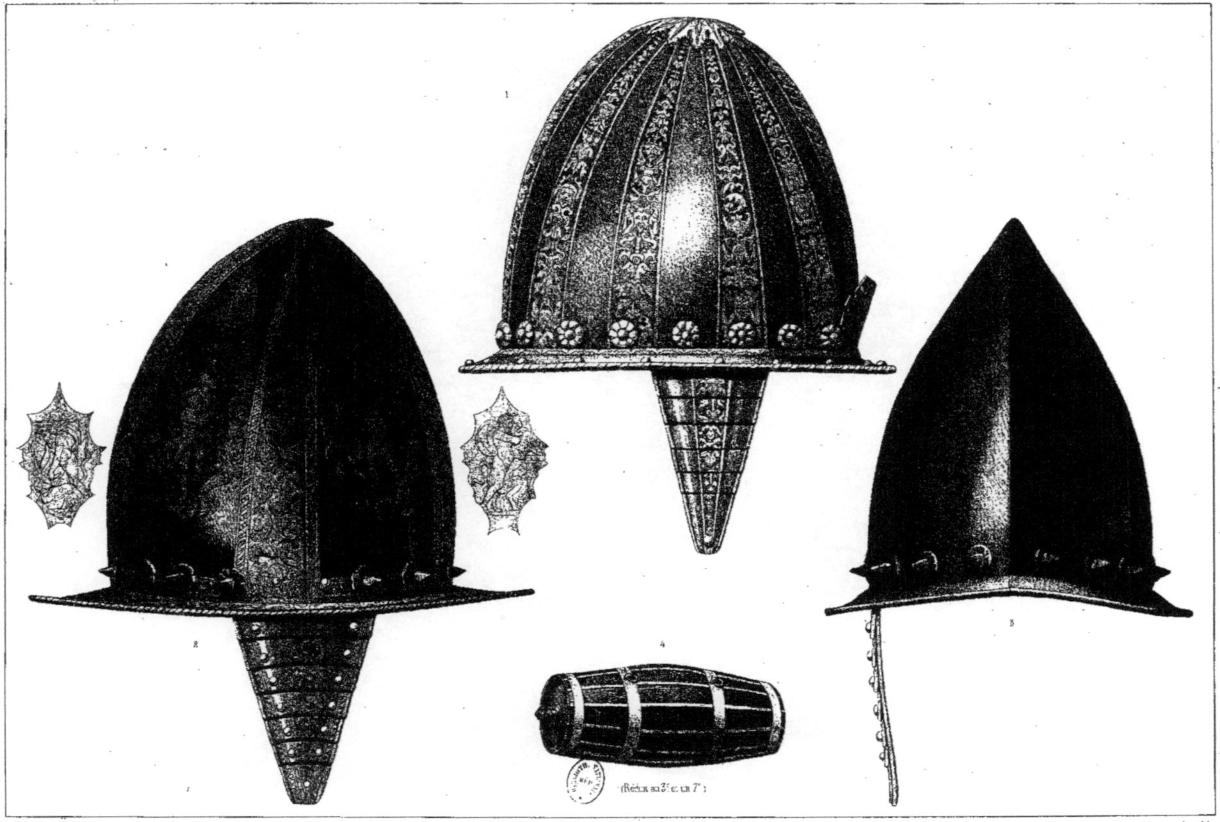

1

2

3

4

(Réduit au 3/5 ou au 7 ?)

G. Sensi del. Imp. Lemercier à Paris Loyer lith.

CAPACETES Y JARRO : MORIONS ET BIDON

SUPPL. Armeria de Madrid. Pl. 37.

G. Sensi del. — Imp. Lemercier & Cie Paris — Asselineau lith.

BANDERAS DE LEPANTO. | BANNIÈRES DE LEPANTE.

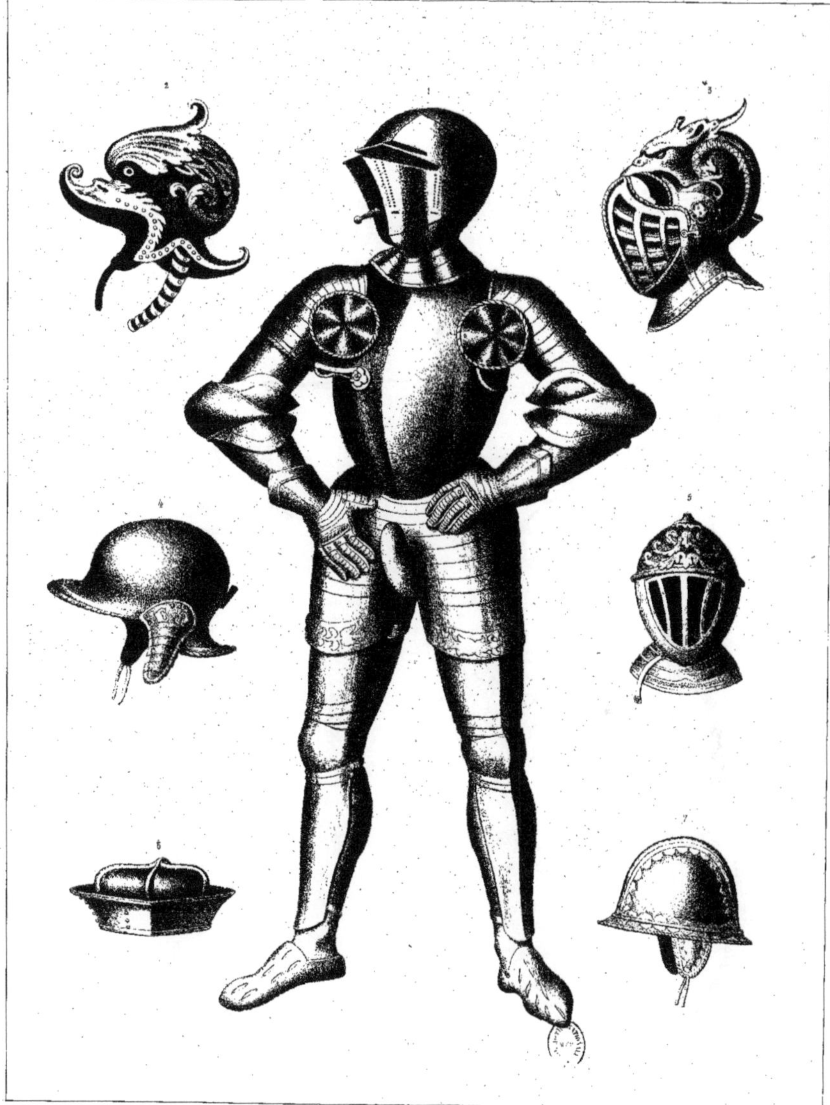

G Sensi del. Imp. par Lemercier à Paris. Cheval lith

ARMADURA, BIRRETE, CAPACETE Y CELADAS. | ARMURE BARRETTE, MORION ET SALADES

Suppl.

Armeria de Madrid.

Pl. 39

1

5

2

1549

4

7

3

6

G. Sans del

Imp par Rougier, à Paris.

Pérard sculp

BALLESTAS, TORNOS Y GAFAS | ARBALÈTES, ROUETS ET CROCS

De A à B, ... pouces

ESPADA LLAMADA DEL CID ; EPÉE DITE DU CID.

Armeria de Madrid

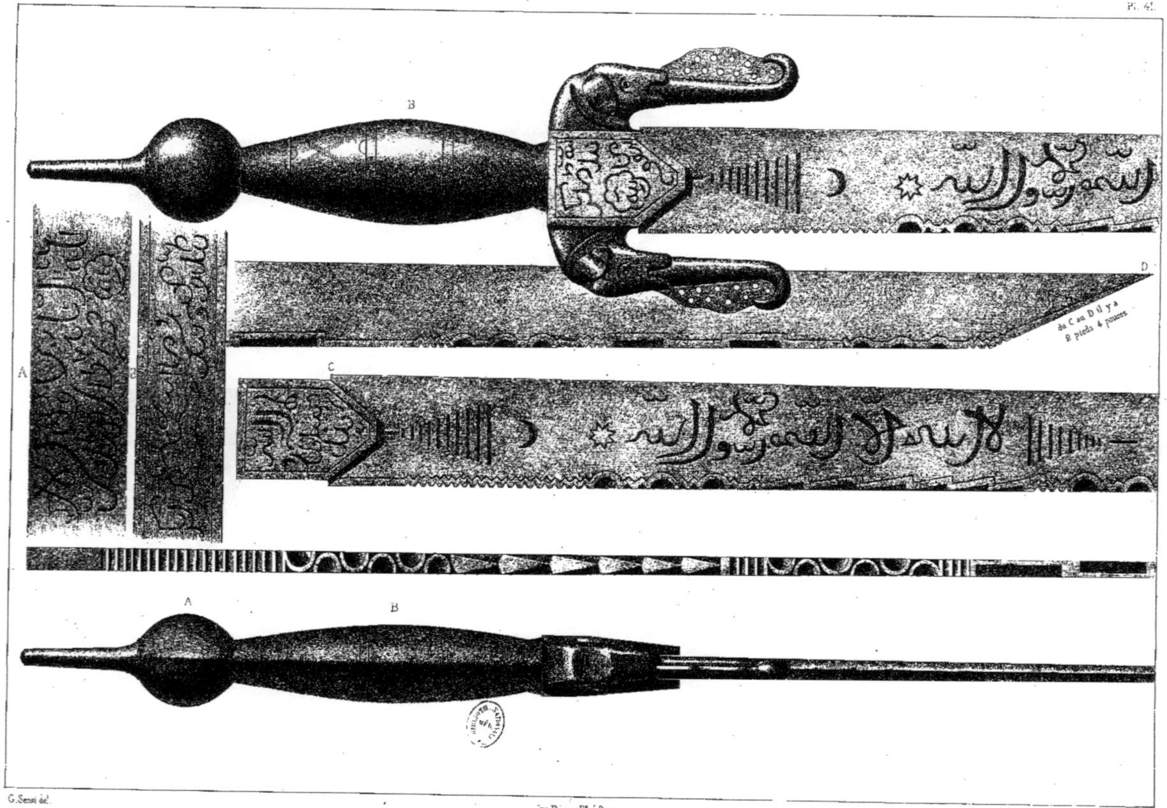

B

D

du C au D il y a
2 pieds 4 pouces

C

A

A

B

G. Sensi del.

Imp. Thierry Fr. à Paris

Charles Thierry lith.

ESPADA QUE SE CRÉE DE BOABDIL : ÉPÉE DITE DE BOABDIL

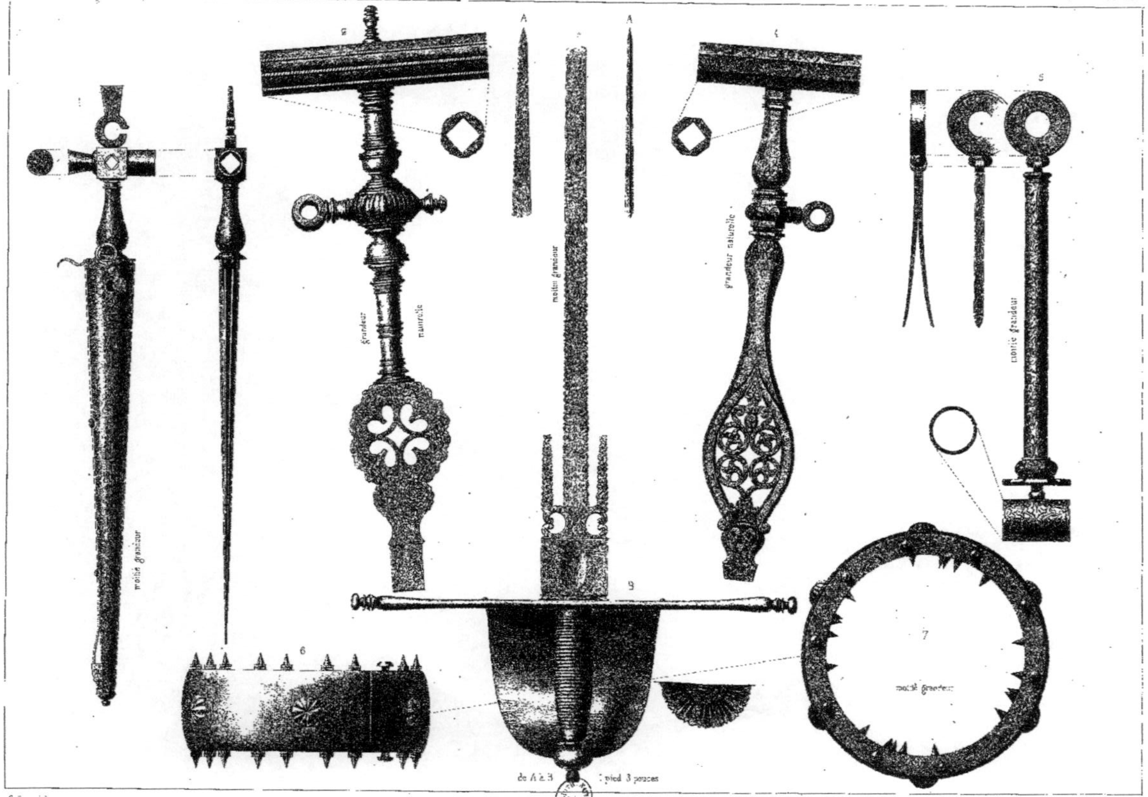

Armería de Madrid

1 moitié grandeur

2 grandeur naturelle

A A moitié grandeur

4 grandeur naturelle

5 moitié grandeur

6

9

7 moitié grandeur

de A à B 1 pied 3 pouces

G. Sensi del. — Charles Thierry lit.

DAGA, PUÑAL, LLAVES PARA LAS ARQUEBUCES, etc. | DAGUE, POIGNARD, CLEFS, P^r. MONTER LES ARQUEBUSES etc.

Casque (celata) de Boabdil souverain de Grenade (1482-1492) Real Armeria de Madrid n° 2563